유럽과 소비에트 변방 기행

일러두기

- 한글 전용을 원칙으로 하되, 필요한 경우 원어나 한자를 병기하였다.
- 한글 맞춤법은 '한글 맞춤법' 및 '표준어 규정'(1988), '표준어 모음'(1990)을 적용하였다.
- 외국의 인명, 지명 등은 국립국어원의 외래어 표기법을 따랐으며, 관례로 굳어진 경우는 예외를 두었다. 과거 러시아어 표기로 된 우크라이나의 지명 등은 2022년 개정된 사항을 따랐다(키예프 → 키이우, 리보프 → 르비우, 드네프르 → 드니프로 등).
- 사용된 기호는 다음과 같다.

  영화 제목, 신문 및 잡지 등 정기 간행물 등: 〈 〉

  책(단행본): 《 》
- 이 책에 실린 사진은 저자가 여행지에서 직접 촬영한 것이다.

유럽과 소비에트 변방 기행

조지아 · 우크라이나 · 벨라루스

임영호 지음

Georgia

Ukraine

Belarus

여행자의 시선 02

유럽과 소비에트 변방 기행

조지아 · 우크라이나 · 벨라루스

지은이 임영호
펴낸이 이리라

책임 편집 이여진
편집 하이픈
사진 임영호
표지 디자인 엄혜리

2022년 6월 20일 1판 1쇄 펴냄

펴낸곳 컬처룩
등록번호 제2011 – 000149호
주소 03993 서울시 마포구 동교로 27길 12 씨티빌딩 302호
전화 02.322.7019 | 팩스 070.8257.7019 | culturelook@daum.net
www.culturelook.net

culturelook

차례

냉전 시기에 젊은 시절을 보낸 사람에게 '소련'이라는 나라는 강렬한 이미지로 각인되어 있다. 철저한 반공 교육의 결과든 냉전기를 소재로 한 할리우드 영화를 지나치게 많이 본 탓이든, 소련은 호전적이고 비밀에 싸인 두려운 나라였다. 그 시절의 소련을 나는 007 스파이 영화나 프레데릭 포사이스의 스릴러 소설에서 흥미진진한 이야깃거리로만 상상했다.

1980년대 초 비토리오 데시카의 영화 〈해바라기〉에서 충격적이었던 부분은 전쟁이 갈라놓은 두 남녀의 비극적인 사랑 못지않게 당시 소련 도시의 일상을 묘사한 장면이었다. 요즘 수도권의 신도시 같은 고층 아파트나 현대적이고 화려한 지하철은 당시 평범한 한국인이 상상하던 '공산 국가'의 이미지를 훌쩍 넘어서는 수준이었다. 1970년에 제작된 영화가 국내에서는 1982년에야 개봉된 이유도 아마 그 때문이었을 것이다. 그 영화의 배경은 냉전기 교육을 통해 체득한 소련의 이미지와 너무나 달랐다. 소련이 붕괴한 후에도 이 지역들에 대한 인상에서 무시무시한 KGB와 호전적인 붉은 군대의 이미지를 지우기까지는 적지 않은 시간이 걸렸다.

1989년 11월 베를린 장벽이 무너지고 1991년 12월 소련이 해체됐다. 소련은 15개의 독립국으로 분열되었다. 이로부터 몇 년이 지난 후 한때 금단의 땅이던 국가들은 대부분 외국인에게 문호가 개방되었다. 내가 러시아 땅에 실제로 발을 디딘 것은 그로부터 한참 지난 2010년 여름이었다. 학회 행사 참석차 극동의 국경 도시 하바롭스크를 방문할 기회가 있었다. 오랜 상상 속의 이국땅을 직접 밟아본 것은 색다른 경험이었다. 그 후 2012년 우즈베키스탄을 시작으로, 2014년 러시아의 모스크바와 상트페테르부르크, 조지아, 2015년 중앙아시아의 카자흐스탄, 키르기스스탄, 타지키스탄, 2017년 우크라이나와 아제르바이잔, 2019년에는 벨라루스까지 두루 여행했다. 2020년 코로나19로 몰도바 여행을 취소하지 않았더라면, 사실상 입국이 불가능한 투르크메니스탄을 제외한 구소련 산하 14개 공화국을 모두 둘러볼 수 있었을 텐데 아쉽다.

구소련에서 독립한 나라들에서 인상적인 것은 유럽과는 다른 풍광과 문화적 다양성이었다. 전성기 소련의 도시를 그대로 보존한 듯한 벨라루스 민스크에서 이국적인 우즈베키스탄의 부하라에 이르기까지 나라별로, 도시별로 문화나 언어,

민족 등이 참으로 다양해 한때 하나의 나라였다고 상상하기란 어려웠다. 하지만 어느 나라든 짙게 드리운 구소련과 러시아의 영향력 역시 쉽게 감지할 수 있었다.

구소련권 국가 중에서 가장 인상 깊었던 조지아와 우크라이나, 벨라루스에 관한 여행을 기록해 본다. 조지아와 우크라이나는 독립 후 소련의 잔재와 러시아의 그늘에서 벗어나 유럽 국가로 발돋움하기 위해 힘겨운 투쟁을 전개했으나 그 과정에서 러시아의 침략으로 좌절을 겪었다는 공통점이 있다. 반면에 벨라루스는 우크라이나와 여러 면에서 비슷한 여건이면서도 러시아와 밀착하면서 소련의 기억을 국가 통합과 미래상과 연계하는 상반된 길을 선택했다.

2008년 러시아가 조지아를 침공했을 때도, 2014년 우크라이나 크림반도를 합병했을 때도 국내에서의 반응은 미적지근했다. 반면 2022년 2월에 러시아가 우크라이나를 침공했을 때는 이 지역이 전 세계의 관심을 한몸에 받았다. 아마 강대국 간의 국제 정치 역학에서 이 나라가 차지하는 중요성 때문에 그럴 것이다. 전쟁의 여파가 우크라이나와 러시아의 영향권에 있는 다른 동슬라브 국가들의 미래에 어떤 영향을 미칠지 지금으로서는 알 수 없다. 하지만 분명한 점은 과거 소련의 잔재는 여전하다는 것이다.

이 책에서 다룬 세 나라 이야기는 크게 보면 유럽이라는 틀로 묶을 수도 있고, 좁게는 구소련권 슬라브 지역에 관한 여행기로 분류할 수도 있다. 어느 쪽이든 세 나라는 모두 주변 강대국 틈새에서 힘겨운 투쟁을 통해 살아남은 변방으로, 아무리 무심한 여행자라도 여행지 구석구석에서 그 흔적을 느낄 수 있다. 즉 현재 우리에게 익숙한 전형적 유럽의 이미지에서 벗어난 이 다양한 나라를 관통하는 키워드는 '변방'과 '경계' 지역이다.

코카서스 지역의 조지아, 동슬라브의 벨라루스와 우크라이나는 구 소비에트 연방의 주변국일 뿐 아니라 주변 유럽 강대국의 영향을 받으면서 독특한 문화를 발전시켰다. 유럽은 수백 년간 전 세계 곳곳을 지배하는 중심지였지만 유럽 내에도 이 지역들처럼 소외되고 억압받은 '변방'은 존재했다. 중세 시절에도, 소련 시절에도 동슬라브 지역에는 중심지와 주변부 간의 냉혹한 권력 관계는 엄연히 존재했고 이는 지금도 변함이 없다. 그래서 우크라이나가 기억하는 소련 시절과 러시아인이 기억하는 소련은 당연히 다르다. 유럽의 변방이 여행지로서 매력적인 것은 우리에게 익숙한 유럽을 새로운 시각에서 바라보고 경험할 수 있게 해 주기 때문이다.

조지아는 그리스 신화에 나오는 프로메테우스 이야기가 얽힌 신비의 땅이다. 유럽인의 조상인 코카서스인의 발상지이자 유럽 음식의 대명사인 와인의 탄생지이기도 하다. 오랫동안 외세의 침략에 시달리면서도 지켜온 독특한 문화와 음식, 아름다운 자연과 역사가 어우러진 독특한 경관을 이곳에서 목격할 수 있다. 지금은 변방이지만 우크라이나는 동슬라브 문명의 발상지였다. 동슬라브 지역 최초의 왕국인 키예프 루스가 이곳에서 수백 년 동안 번영을 누렸고, 그때의 화려한 유적은 지금도 키이우 방문자를 경탄케 한다. 르비우나 오데사에서는 이곳을 거쳐간 다양한 주변 제국의 흔적이 뒤섞여 다른 곳에서 체험할 수 없는 독특한 문화와 풍광이 방문자를 맞이한다. 벨라루스는 냉전기의 살아 있는 박물관이라는 점에서 흥미롭다. 수도 민스크에 가면 소련 전성기 도시의 모습이 타임캡슐처럼 보존되어 있다.

여행은 거듭된 경험을 통해 여행지에 담긴 비밀을 조금씩 알아가는 '발견'의 과정이다. 세월의 흔적이 역력한 유럽의 건물과 거리는 그냥 멋있고 낭만적으로만 보인다. 그렇지만 고풍스럽고 낭만적인 겉모습 밑에 깔린 상처의 흔적에 주목할 때마다 새로운 면모가 드러나고 그 속에서 인간의 숨결을 느끼게 해 준다.

이 기록은 유럽과 동슬라브의 '변방'이자 소련 시절 주변부였던 지역을 답사하면서 느끼고 생각한 것을 정리한 것이다. 어떻게 보면 여행지의 유적과 거리에 담긴 역사의 흔적을 밟아가는 깨달음의 과정이면서도 여행자의 개인적 시선이 투영된 기행문이기도 하다. 여행지에서는 단지 역사적 지식이나 사연을 기록하는 데 그치지 않고 나만의 시선으로 느끼고 해석해 보려 했다.

이 책은 모두 2022년 우크라이나 전쟁이 일어나기 전의 여행 기록이다. 아마 시간이 흘러 이 땅에 다시 평화가 찾아오고 폐허가 된 유적이 복원되더라도 과거 같은 체험이 다시 가능할지는 모르겠다. 모든 여행은 두 번 다시 반복할 수 없는 일회적인 경험이기 때문이다. 당시 여행자로서 느낀 아름다움과 애잔함이 배인 그 장소를 기억하면서 이 '변방'이 새로운 문화의 평화로운 중심지로서 꽃피는 날을 상상해 본다.

1

프로메테우스, 성 조지, 그루지야

신비의 땅 조지아

카즈베기산. 하얀 설산과 푸른 하늘, 초록빛 산을
배경으로 능선에 걸쳐 있는 게르게티 츠민다 사메
바 교회가 어우러져 신비로운 광경을 자아낸다.

므츠헤타의 스베티츠호벨리 성당은 중세 조지아 왕국 수도에 있던 중심 성당이자 지금도 조지아의 종교적 수도에 해당한다.

한동안 나는 삶이 얼마 남지 않은 사람처럼 방학만 되면 쫓기듯이 짐을 꾸렸다. 그러다가 비슷한 여행 패턴에 싫증을 느끼기 시작했다. 종종 여행지에서 심하게 앓아눕는 바람에 고생도 했다. 여행지에서 귀국을 앞둔 어느 날 "당분간 여행을 쉴까? 코카서스라면 몰라도"라는 말을 무심코 뱉고 말았다. 문득 코카서스는 익숙한 여행지와는 차원이 다른 미지의 땅이라는 생각이 들었다. 이듬해 여름에는 여행을 쉬는 대신 진짜로 코카서스로 가게 되었다.

코카서스 여행을 결정하고 나서 이 지역에 대해 아는 게 너무 없다는 사실을 깨달았다. 일정을 짜다 보니 적당한 항공편을 구하는 일부터 까다로웠다. 국제 관계에서 '을'인 나라는 항공 일정도 좋은 자리를 차지하기 어렵다. 조지아 여행이 딱 그랬다. 처음 여행했던 2014년에는 조지아와 러시아 간 군사적 충돌의 여파로 모스크바와 트빌리시 간의 항공편도 아예 끊겼다. 여행자에게 오지란 거리가 먼 곳이 아니라 좋은 항공편을 확보하기 어려운 곳이다. 코카서스는 아직 다가가기 어려운 '머나먼 땅,' '신비의 땅'이었다.

흔히 코카서스라 불리고, 슬라브권에서는 캅카스라고 하는 이 지역은 엄격히 말해 남코카서스에 속한다. 조지아와 러시아 국경을 따라 대코카서스산맥이 관통한다. 남쪽에 있는 조지아, 아르메니아, 아제르바이잔을 묶어 남코카서스라 부른다. 코카서스는 세 나라를 합쳐도 한반도 크기보다 작아서 여행자들은 대개 단기간에 함께 둘러본다. 하지만 세 나라는 정치적으로나 민족, 언어, 문화에서 개성이 강해 하나로 정리하기 쉽지 않다.

조지아는 영토도 남한 3분의 2 정도로 작고 인구도 493만여 명으로 얼마 안 된다. 하지만 유럽과 러시아, 아랍 세력이 만나는 요충지에 있어 전쟁이 끊이지 않았고, 그렇게 험난한 환경에서도 문화적 정체성이 뚜렷한 민족이 살아온 곳이다. 조지아는 역사적 경험이나 정서 측면에서 한국인이 친밀하게 느낄 만한 부분을 많이 갖고 있다. 몇 년 전 텔레비전 여행 프로그램에서 소개한 후에는 관련 여행서도 나오고, 한 달 살아보기 후보지에도 오를 정도로 인기를 끌고 있다. 덕분에 조지아는 이전보다 여행하기도 훨씬 더 편리해졌다. 물리적 거리는 변함이 없어도 조지아는 적어도 심리적으로는 우리에게 한 걸음 더 가까워졌다.

조지아를 읽는 세 가지 키워드:
유럽의 뿌리, 기독교, 러시아

낯선 나라를 여행하는 데는 그 땅에 대한 배경지식이 필요하다. 조지아는 역사나 지리, 정치, 문화 등 어떤 측면에서 봐도 한국인에게는 미지의 나라다. 이런 나라는 아무런 준비 없이 떠났다간 얻은 것 없이 돌아오기 쉽다. '아는 만큼 보인다'는 이야기는 조지아 여행에 정확하게 들어맞는다. 그래서 조지아는 떠나기 전 다른 어느 여행지보다도 더 열심히 읽고 메모하면서 이들의 문화를 이해하려고 했다. 이 과정에서 조지아를 이해하는 세 가지 키워드를 나름대로 정리해 보았다.

첫 번째 키워드는 '유럽의 뿌리'다. 여행지를 분류할 때 조지아도 유럽인가 하는 질문을 종종 접한다. 조지아가 속한 코카서스는 지리적 위치로는 중동과 러시아 사이에 있다. 하지만 이곳을 여행하다 보면 얼마지 않아 조지아의 역사와 문화를 이해하는 데 유럽을 빼놓을 수 없다는 사실을 깨닫게 된다. 조지아인의 역사에서 유럽은 때로는 가까이, 때로는 멀리 존재한 곳이었지만, 언제든 다시 기억 속에 소환되어 돌아갈지도 모르는 상상의 고향과 같다.

인류학자들에 따르면 코카서스는 유럽인의 혈통이 시작된 땅이다. 모든 인류의 조상이 탄생한 아프리카를 제외하면 그다음으로 가장 오랜 인간의 유골이 여기서 발견되었다. 이곳에서 살던 사람이 북서쪽의 땅으로 흘러 들어가 지금의 유럽이 형성되었으니, 핏줄로도 유럽의 조상인 셈이다. 인종 분류에서 백인을 의미하는 코카시언Caucasian이란 용어도 바로 코카서스에서 유래했다.

역사 기록이 적어, 유럽인의 이 '조상들'에 관해 알려진 부분은 많지 않다. 다만 여러 신화는 유럽이 코카서스에서 시작되었다고 전해 준다. 신화는 다소 허황된 부분이 있기는 해도, 역사에 관해서도 많은 이야기를 들려준다. 그리스-로마 신화에도 코카서스가 배경인 이야기가 나온다. 제우스는 자신의 명을 어기고 불을 훔쳐 인간에게 준 프로메테우스를 높은 산 바위에 묶어 놓고 독수리에게 간을 쪼이도록 하는 형벌을 내린다. 이 프로메테우스 이야기의 카우카소스산이 바로 조지아의 카즈베기산이다.

그리스 신화에 나오는 황금 양털 이야기도 조지아를 무대로 전개된다. 신화 속의 영웅 이아손은 이올코스 왕국의 왕권 상속의 조건으로 황금 양털을 가져오라는 명령을 받고 길을 떠나는데, 그가 향한 곳이 지금의 서부 조지아에 있던 콜키스 왕국이다. 주인공의 임무를 막는 난관으로 황금 양털을 지키는 용의 존재라는 설정은 허황돼 보이긴 해도, 신화는 일말의 역사적 진실을 담고 있다. 적어도 코카서스는 유럽인이 '상상'하던 세계의 한 부분이었던 것 같다.

조지아의 이웃 나라인 아르메니아 역시 이와 비슷하게 유럽의 정신적 전통과 얽힌 장소가 있다. 서부 아르메니아(현재의 터키령)에 있는 아라라트산은 아르메니아인이 신성시하는 정신적 고향인데, 구약성서에서 대홍수가 세상을 휩쓴 후 노아의 방주가 처음 도착한 곳으로 알려져 있다. 유럽의 정신 유산에서 바탕이 되는 두 가지 기록으로 흔히 그리스-로마 신화와 성서를 꼽는다. 이 두 문헌 모두에서 코카서스 지역은 빠지지 않고 등장한다. 유럽의 기원과 얽혀 있다는 생각은, 역사적 전환점마다 조지아인이 유럽이라는 정신적 고향에서 돌파구를 찾는 근거가 되기도 한다. 아마 지금은 조지아인이 어두운 과거에서 벗어나 유럽, 특히 서유럽을 갈망하면서 새로운 미래를 그려나가는 시점이 아닐까.

조지아 문화를 이해하는 두 번째 키워드는 '기독교'다. 세계사를 보면 조지아는 '거의' 최초의 기독교 국가 중 하나였고, 지금도 기독교는 조지아인의 정신적, 육체적 삶에서 핵심적인 부분이다. 가는 곳마다 교회가 있고, 교회를 지날 때마다 조지아인은 기도한다. 조지아인 중 정교회 신자는 84% 정도로 압도적인 비율을 차지한다.

기독교가 성립한 초기 교회 시절부터 조지아는 중요한 위치를 차지했다. 예수의 제자 안드레아가 1세기에 고대 조지아 왕국인 콜키스와 이베리아에서 선교를 했다. 교회에서 전승되는 이야기에 따르면 시몬, 바르톨로메오(나타나엘), 유다 타대오, 마티아 등도 이 지역에서 선교 활동을 했다고 한다. 예수의 12사도 중에서 다섯 명이 조지아 땅에서 직접 선교 활동을 했다는 것은 조지아 역사에서 기독교의 위상을 말해 준다.

실제로 조지아가 기독교를 공식적으로 받아들인 시기는 4세기 초반으로 추정된다. 기록에 따라 차이가 있지만, 기독교를 국교로 받아들인 시기는 대략 326년경으로 아르메니아(301)와 로마(313) 다음에 해당했다. 지금의 터키 땅인 카파도키아 난민 출신의 수녀 성 니노Saint Nino가 조지아에서 기독교를 전파했고 고대 이베리아 왕국의 국왕이던 미리안 3세를 개종시키면서, 기독교는 조지아의 국교가 된다. 중세 조지아의 다양한 문학 작품에서는 니노가 미리안왕 아내의 불치병을 치유한 기적 이야기라든지, 거대한 기둥을 하룻밤 새 세워 스베티츠호벨리 성당Svetitskhoveli Cathedral을 완공했다는 식의 기적을 소재로 삼았다. 민간에 전승되던 이야기를 후세에 기록했기 때문에, 아마 신화와 사실이 뒤섞인 채 각색되었을 것이다. 수녀 니노의 신분에 관해서도 난민 노예라는 설과 공주라는 설 등 해석이 분분하다. 하지만 성 니노는 조지아 땅 어디를 가든 그 흔적을 찾을 수 있을 정도로 조지아 민족의식에서 핵심 인물이다.

기독교 도입은 당시의 정치 상황과도 무관하지 않았다. 페르시아와 로마가 코카서스를 가운데 두고 각축을 벌이는 상황에서 미리안 3세는 로마와의 관계를 강화해 국가 안정을 도모하려는 정치적 이유로 받아들였을 것이라는 해석도 있

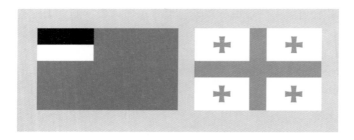

∧ 조지아의 이전 국기(1918~1921, 1990~2004)와 현재 국기(2004~).

다. 15세기와 18세기에는 오스만 튀르크와 페르시아의 세력이 강성해 조지아 지역에도 이슬람으로 개종하라는 압력이 강했다. 그런데도 많은 조지아인이 개종을 거부하고 기독교를 지켰다. 심지어 종교 탄압이 심했던 소련 치하에서도 조지아의 기독교 신앙은 유지되었다.

기독교가 오늘날 조지아인에게 갖는 의미는 국기에도 잘 드러난다. 현재 조지아 국기는 하얀 바탕에 다섯 개의 붉은 십자가(예루살렘 십자가)가 그려져 있는데, 이는 십자군 운동의 결과 세워진 1280년대 예루살렘 왕국의 깃발과 색깔만 다를 뿐 비슷하다. 이 국기는 11세기 초반 고대 조지아 왕국이 사용하던 깃발이다. 조지아는 소련에서 독립한 1991년에는 1918년부터 3년간 존재했던 조지아 공화국 시절의 국기를 사용했다. 하지만 반러시아의 흐름 속에서 민족주의 운동이 호응을 얻으면서 고대의 국기를 부활하자는 움직임이 힘을 얻었다.

조지아 정교회도 이 과정에서 영향력을 발휘했다. 그 결과 장미 혁명 직후인 2004년 조지아는 기독교 냄새가 물씬한 예루살렘 십자가 깃발을 공식적인 국기로 선포했다. 이처럼 조지아 역사에서 두드러진 기독교 색채는 종교 문제일 뿐 아니라 조지아의 민족 정체성과도 밀접한 관련이 있다. 이래저래 기독교를 빼놓고는 조지아를 이해하기 어렵다.

조지아를 이해하는 세 번째 키워드는 '러시아'다. 조지아가 오랫동안 여러 강대국 사이의 세력 다툼에 시달릴 수밖에 없는 지정학적 위치에 있었다는 뜻인데, 다만 19세기 이후에는 이 영향력이 주로 러시아에서 왔을 뿐이다. 조지아를 여행하는 한국인들은 이 나라가 외세의 틈바구니에서도 독특한 문화와 민족적 자부심을 유지해 왔다는 데 놀라면서, 우리와 비슷한 역사적 경험에 동질감을 느끼게 된다. 강한 외세와 싸워 자신을 지켜내려는 노력은 조지아의 상황과 문화를 이해하는 바탕이 된다. 이처럼 다양한 외부 세력의 영향을 이겨내면서 아주 다채롭고 혼성적인 조지아 문화가 탄생했다.

조지아는 여러 가지로 독자적인 문화를 갖고 있다. 우선 키릴 문자를 사용하는 다른 슬라브권 국가와 달리 한국처럼 독자적인 문자를 창제한 극소수의 나라에 속한다. 세계 최초로 와인을 제조한 와인 원조국이라는 자부심도 갖고 있다. 유럽 여행자들이 유럽풍 음식으로 흔히 떠올리는 와인은 조지아에서 유래했다. 무려 BC 6000년 전부터 조지아에서는 와인을 빚어서 마셨다는 기록이 있으니, 와인의 종주국을 자처할 만하다. 특히 조지아에서는 오크통이 아니라 흙으로 빚은 항아리에 술을 담아 숙성시키는 전통적 제조법이 발달해 있다. 이 기술은 유네스코 무형문화유산 목록에도 올라가 있으니 조지아는 정말 와인 향기가 가득한 나라다.

유럽 기준으로 보면 조지아 와인은 비교할 수 없을 정도로 저렴하고 맛도 있었다. 독립 후 러시아와 관계가 험악해졌을 때, 러시아 정부가 와인 수입 중단을 무기로 활용했을 정도로 와인은 조지아의 중요 수출품이기도 하다. 멀리 러시아 극동 지역에서 맛본 와인도 조지아산이었던 기억이 났다.

역사적으로 볼 때 주변 강대국들은 번갈아 가며 조지아를 위협했다. BC 8세기에는 그리스의 영향권 아래에 있었고, 1세기부터는 로마가, 6세기에서 10세기까지는 페르시아와 셀주크 튀르크가, 13세기부터 15세기까지는 몽골과 타타르가, 15세기부터는 오스만 튀르크가 조지아 땅을 침략하거나 지배권 아래에 두었다. 12~13세기 무렵 다비트왕과 타마르 여왕 시대에는 지역 강국으로 잠시 전성기를 누렸다. 하지만 그 시대를 제외하면 조지아는 서쪽으로는 유럽 국가, 남쪽으로는 터키, 페르시아, 아랍, 북쪽으로는 러시아의 위협에 시달렸다.

18세기부터는 러시아가 조지아를 지배했다. 1783년 조지아는 러시아의 보호령이 되었고 1801년에는 러시아 제국에 합병되었다. 1917년 러시아 혁명 이듬해 잠시 독립 공화국을 선포했지만 1922년 소비에트 연방 산하 공화국으로 편입됐

∧ 트빌리시에서는 서구에서 수입한 차량의 무리 속에서 간혹 구소련 시절의 투박한 차량을 종종 볼 수 있다. 위의 차는 1962년부터 소련에서 제작된 ZIL-130 모델이다.

다. 1991년 소련 해체 후에 와서야 비로소 독립 국가가 됐다. 이처럼 굴곡진 역사 때문에 조지아에서는 어딜 가든 이 다양한 '외세'의 흔적을 볼 수 있다. 외세의 영향은 조지아의 문화나 국민의 기억 속에 큰 상처를 남겼지만 독특한 조지아 문화를 형성하는 토양도 되었다.

조지아 역사에서 외세의 영향은 나라 이름에도 투영되어 있다. 조지아는 공식 국명을 최근 러시아식의 그루지야에서 유럽식의 조지아로 바꿨다. 국가 명칭 변경은 오랫동안 조지아에 드리운 러시아의 그늘에서 탈피하려는 의지의 표현이다. 고대 조지아인은 자신의 땅을 사카르트벨로Sakartvelo라고 불렀다. 하지만 오늘날 우리가 아는 조지아라는 이름은 페르

∧ 구도심에서 강 바로 건너에는 유럽 광장이 있다. 유럽화를 향한 조지아인의 간절한 희망을 엿볼 수 있다.

시아어인 '구르지gurğ'에서 유래한다고 언어학자들은 말한다.

한때 이 땅을 지배한 그리스인은 게오르고스라는 이름을 썼다. 중세 시절 유대 땅 성지 원정을 온 십자군이나 순례자들은 조지아인이 성 게오르기오스Saint George(Geórgios)를 숭상하는 것을 보고는 이 땅을 영어식으로 조지아라고 불렀다. 러시아 지배 아래 있을 때는 러시아식으로 그루지야라고 표기되기도 했으나, 2011년 조지아 외무부에서 조지아라는 표기를 사용해 달라고 한국 정부에 요청해 왔다. 나라 이름 표기법에도 조지아의 파란만장한 역사가 농축되어 있다.

2000년대 초부터 조지아는 본격적으로 친서방 정책으로 선회했다. 미국의 원조를 받아들이고 EU와도 가까워졌다. 탈

러시아화를 추구하는 민족주의 운동이 득세하자, 2008년 러시아는 조지아 영토 내 소수 민족 지구인 압하지아와 남오세티야 분리 운동에 개입해 조지아를 무력 침공했다. 조지아는 러시아와 외교 관계를 단절하는 사태까지 이르렀다.

조지아에서는 지금도 곳곳에 남은 러시아의 흔적을 쉽게 발견할 수 있다. 더불어 러시아와 소련의 그림자를 지우고 유럽이라는 새로운 이미지로 나라를 개조하려는 노력도 여기저기서 읽어 낼 수 있다.

조지아의 압축판 트빌리시

조지아의 수도 트빌리시는 오래된 도시이면서도 새로운 도시이기도 하다. 동유럽에서 본 도시들과 비슷한 것 같기도 하고, 터키나 중동 도시의 느낌도 났다. 트빌리시는 친숙한 것 같으면서도 낯설고 독특한 분위기를 풍긴다.

BC 4세기부터 인류가 정착한 자취가 있고, 5세기에는 고대 왕국 카르틀리의 바흐탕 고르가살리왕이 도시를 세운 이야기도 전해질 정도로 트빌리시는 오랜 도시다. 고르가살리왕이 사냥을 나갔다가 부상당한 사슴이 온천에 몸을 담가 치료하는 것을 보고는 여기에 도시를 세웠다는 내용의 전설이다. 기록에 따르면 고르가살리왕은 페르시아인에게서 이 도시를 탈환한 후 므츠헤타에서 여기로 수도를 옮겼다고 한다. 세세한 진실은 확인할 수 없지만 말하자면 전설은 온천 지대라는 지형적 특징과 수도 이전이라는 역사적 사실을 잘 버무린 셈이다. 트빌리시라는 도시 이름도 '따뜻하다'를 뜻하는 조지아어 '트빌리'에서 유래했다.

트빌리시는 조지아인의 역사적 상상력에서 영욕을 함께한 수도다. 645년에는 아랍이 침략해 오랫동안 이 도시를 지배했는데, 1122년 조지아의 역사적 영웅인 다비트왕이 탈환해 통일 왕국의 수도로 삼았다. 그러나 조지아의 짧은 황금시대가 끝난 후 트빌리시는 다시 몽골과 페르시아 등의 침략과 지배에 시달린다. 특히 1795년 페르시아는 트빌리시를 침공해 완전히 파괴한다. 이 도시는 상당히 고풍스러워 보이긴 해도 사실 200년이 넘은 건축물은 없다. 그러니 오래된 도시는 아니다. 트빌리시에는 그 오랜 세월 동안 이곳을 휩쓸고 간 온갖 동서양 제국들의 '흔적'을 찾아 나서는 재미가 있다.

트빌리시로 가는 길은 멀고 힘들기만 했다. 항공편 찾기도 어렵지만 출발 시간과 도착 시간 모두 고약하기 짝이 없었다. 게다가 내가 방문할 시점에는 러시아와 조지아의 관계가 살얼음판 위를 걷는 듯했다. 핀란드 헬싱키에서 출발한 항공편은 라트비아의 리가 공항을 경유해 새벽 3시가 좀 넘어서 트빌리시 공항에 착륙했다. 모스크바를 경유하는 항공편이 가장 편리했지만 러시아 쪽으로는 항공편을 포함해 국경이 차단되어 선택의 여지가 없었다.

∧ 거대한 콘크리트 덩어리 모양의 지하철 입구는 전시의 방공호를 연상시킨다. 실제로 소련 시절의 지하철은 전시 대피 시설 역할도 한 군사 시설이다.

　　우여곡절 끝에 트빌리시 공항에 도착하기는 했으나 새벽 4시 가까이 된 시각이었다. 시내로 가는 교통편이 재개될 때까지 터미널에서 무료하게 시간을 보내야 했다. 공항 청사 여기저기에는 배낭을 베고 바닥에 드러누운 서양인 여행자들의 모습이 보였다. 7시가 되자 첫 버스가 도착했다. 러시아어권을 여행할 때 흔히 보던 낡은 미니버스였다. 버스가 시내를 들어서자 마치 부산의 구도심처럼 산비탈에 줄줄이 들어선 소박하면서도 이국적인 주택이 보이기 시작했다. 중앙역에서 내렸는데, 역 청사는 무미건조한 소련풍의 건물이었다.

　　역에서 숙소로 이동하려면 다시 지하철을 타야 했다. 좌우를 두리번거리니 커다란 붉은색 M자가 붙어 있고 마치 방공호를 연상시키는 육중한 콘크리트 덩어리의 입구가 보였다. 소련 시절에 건설한 이 지하철은 방공호 겸용으로 지어 땅속 깊숙이 있다. 에스컬레이터로 한참 지하로 내려가면 역은 가운데 승강장이 있고 양쪽에 지하철 차량이 다니는 단순한 구조로 되어 있다. 이 지하철역은 러시아 대도시뿐 아니라 2차 세계 대전 이후 소련의 기술로 건축한 동유럽 여러 국가 지하철과 구조나 깊이, 객차의 육중한 모습까지 거의 닮았다. 물론 모스크바나 상트페테르부르크의 지하철처럼 대리석으로 장식된 화려한 모습을 기대하면 곤란하다. 지하철의 전체적인 구조는 구소련권 전역의 지하철과 비슷하지만 아주 기능적이고 단순하게 설계되어 있다.

지하철 건설을 결정한 1952년 무렵 트빌리시의 인구는 60만 정도에 불과해 소련 중앙 정부에서 정한 최소 요건인 100만 명에도 턱없이 모자랐다. 그런데도 이 도시에 이런 큰 특혜를 준 것은 트빌리시가 그만큼 지정학적으로 중요한 위치에 있기 때문이었다.

숙소에 도착해 창밖으로 거리를 내다보았다. 낡고 허물어진 옛 건물이 사방에 즐비했는데 저 멀리에는 최근 지은 듯한 현대식 건물이 솟아 있었다. 조지아의 대통령궁이었다. 골목길 안쪽에서 본 주택들은 양철 지붕이 녹슬고 벽은 군데군데 허물어져 있었는데, 빨랫줄에 걸린 옷가지를 보고 사람이 거주하는 곳임을 알았다.

∧ 트빌리시에는 거의 허물어질 듯이 낡은 주택과 웅장한 건축물이 공존하고 있다. 멀리 강 건너 언덕 위에 보이는 건물은 대통령궁이다.

2000년대 초반만 하더라도 트빌리시는 신생 독립국으로서 온갖 문제점을 안고 있었다. 관리들의 부패는 심각했고, 거리에는 범죄가 들끓었다. 지금처럼 관광객이 고풍스럽고 이국적인 풍광에 감탄하면서 여유롭게 거리를 거닐 수 있게 된 것은 얼마 되지 않았다. 조지아처럼 빠르게 성장하는 신생국 대도시가 군데군데 과거의 상처와 빈곤의 흔적을 드러내는 것은 당연하다.

이처럼 쇠락과 번영이 뚜렷하게 대비되는 이 낯선 풍광은 고속 성장 국가로서 조지아가 안고 있는 빈부격차의 빛과 그림자를 상징한다. 트빌리시는 소련 시절의 그림자를 벗어 버리고 야심 차게 서구화를 추진 중이지만 아직 세세한 곳에까

∧ 도심에서 므트크바리강 너머 서쪽으로 보면 비탈을 따라 고풍스러운 건물이 늘어
서 있고 산 능선에는 나리칼라 요새가 자리 잡고 있다.
∨ 나리칼라 요새에는 묘비석 등 과거의 흔적이 여기저기 남아 있다.

∧ 나리칼라 요새에서는 구도심의 거리를 훤히 내려다볼 수 있다. 구도심 한가운데를 가로질러 므트크바리강이 흐른다.
∨ 구도심 거리에서 본 언덕 위 스카이라인을 장식하는 나리칼라 요새 성벽.

지 신경을 쓸 여유는 없는 것 같았다. 얼마 전까지는 서울 도심에서도 유사한 풍경을 볼 수 있었다.

다시 도심 순례에 나섰다. 시가지에서 보면 솔로라키 언덕 높이 능선을 따라 나리칼라 요새Narikala Fortress가 자리 잡고 있다. 구도심에서 케이블카를 타고 편안히 정상에 올랐다. 4세기경에 페르시아가 이 지역을 점령하고 쌓은 요새인데, 이후에는 아랍, 조지아, 튀르크, 페르시아로 수차례 주인이 바뀌면서 파괴와 재건을 거듭했다. 러시아 영토이던 1827년 화약 폭발 사고로 요새 성벽뿐 아니라 성벽 내의 성 니콜라스 교회까지 산산조각이 났다. 폐허가 된 교회는 1990년대에 복원되었다. 상처투성이의 이 요새는 어쨌든 역사 도시 트빌리시의 랜드마크이자 멋진 전망대 구실을 한다. 성벽 위에 서면 성당과 예스러운 건물, 현대풍의 건축까지 시가지의 다채로운 풍광을 한눈에 내려다볼 수 있다. 도시 풍경은 멀리서 바라볼 때 더 멋지다.

언덕 위의 요새 문을 나와 능선을 따라 서쪽으로 잠시 걷다 보면 20미터에 달하는 거대한 동상을 마주치게 된다. 카르틀리스 데다Kartlis Deda, 즉 조지아의 어머니라는 이름의 조각상이다. 이 조각상은 왼손에는 와인 잔을, 오른손에는 칼을 든 조지아 여인의 모습으로 친구에게는 환대를 베풀고, 적에게는 언제든 칼로 징벌하겠다는 조지아인의 국민성을 상징한다고 한다. 소련 시절인 1958년 트빌리시 정도 1500주년 기

> 카르틀리스 데다는 1958년 정도 1500주년 기념물로 세운 조각이다. 조지아의 어머니라는 이름처럼 단호함과 온화함을 갖춘 여인상을 묘사했다.

념물로 세운 것으로, 조지아 조각가 엘구자 아마슈켈리Elguja Amashukeli의 작품이다. 원래는 행사용으로 만든 목제 조각이었는데, 아마 시민들의 반응이 좋았던지 1963년에 영구 보존을 결정했다. 고지대에 있는 만큼 제작의 편의를 위해 목재로 틀을 짜고 그 위에 알루미늄판을 씌우는 방식으로 세웠다. 현재 남아 있는 조각상은 1997년에 새로 제작해 교체한 것이다. 내가 받은 첫인상은 우크라이나 키이우의 '2차 세계 대전 박물관' 자리에 있는 거대한 여인상과 비슷했다. 아마 소비에트 양식에 조지아 민족주의 요소를 가미한 것이 아닐까 추측해 본다.

요새에서 계단을 따라 천천히 내려오면 언덕 바로 밑에는 고풍스러운 골목길 사이로 갖가지 기념품을 파는 가게와 식당, 카페가 들어서 있다. 내려오는 길 오른쪽에는 온천을 즐길 수 있는 목욕탕이 많다. 일찍이 러시아의 문호 알렉산드르 푸시킨Aleksandr Pushkin은 트빌리시의 유황 온천이야말로 생애 최고의 온천이었다고 격찬했다. 트빌리시 도시 건설이 온천 발견과 더불어 시작되었다는 전설을 감안할 때 도심에 목욕탕이 많은 것은 당연하다. 유럽인에게는 다소 생소한 이 목욕 문화는 튀르크나 아랍 문화의 영향은 아닐까. 여러 온천은 지하에 욕탕이 있고 지상에는 터키풍의 작은 돔들이 돌출한 구조로 되어 있다.

성벽 아래에 들어선 이 구도심에는 크고 작은 교회 건물

∧ 구도심에는 옛 도심을 둘러싸고 있던 성벽이 일부만 남아 있다.

이 유독 자주 눈에 띈다. 대부분 조지아 정교회 성당이지만 아르메니아 정교회 성당과 유대교 회당인 시나고그, 이슬람 사원인 모스크까지 들어서 있다. 강을 따라 나란히 이어지는 보행자 전용 거리에는 다양한 시대의 유적들이 방문자의 호기심과 상상력을 자아낸다.

　여러 교회 중에서도 단연 눈에 띄는 것은 시오니 성당 Sioni Cathedral이다. 원래 6세기와 7세기에 지은 성당이라고 하는데, 이후 파괴와 재건을 거듭해 시대별 흔적을 골고루 갖고 있다. 지금 남은 건물에는 주로 13세기에 지은 부분이 많고, 남쪽 부분과 돔 위의 큐폴라cupola는 17세기의 작품이다. (큐폴

< 시오니 성당은 트빌리시의 역사가 깃든 유서 깊은 건축물이긴 하나 복원과 보수 공사를 많이 거쳐 건물 자체는 그리 오래되어 보이지 않는다.

라는 지붕이나 돔, 탑 위에 올린 상대적으로 작은 기능적 혹은 장식적인 구조물을 말한다.) 이 성당이 특별한 것은 건축 자체보다도 성 니노의 십자가를 소장하고 있다는 점 때문이다. 전설에 따르면 성 니노는 기독교를 조지아에 전파하면서, 포도나무 가지를 자신의 머리카락으로 묶은 소박한 십자가를 갖고 왔다고 한다. 성당 바깥에는 철제 울타리 안에 십자가 복제품을 전시하고 있는데, 원본은 물론 내부 깊숙이 보관하고 있다.

바로 옆에는 트빌리시 역사 박물관이 있다. 이 박물관은 사실 전시물보다도 건물 자체가 더 흥미롭다. 과거 실크로드 시절에는 요충지마다 상인들이 묵는 숙소 격인 카라반세라이Caravanserai가 있었는데, 이 박물관은 바로 카라반세라이로 사용되던 건물이다. 조지아가 문명의 교차로에 위치한 덕분에 여러 문화에서 두루 영향을 받았음을 보여 주는 증거다.

　　카페와 식당이 늘어선 거리를 따라 북쪽으로 걷다 보면 울타리를 둘러친 대주교관이 나온다. 조지아 정교의 최고 수장이 거주하는 공간이다. 전통적으로 조지아에서는 정교 분리가 이루어지지 않아서 교회 수장은 정치적으로도 큰 영향력을 행사했다. 주교관 북쪽에는 아담한 규모의 안치스하티 성당Anchiskhati Basilica이 자리 잡고 있다. 안치스하티 성당은 트빌리시를 건설한 바흐탕 고르가살리왕의 아들인 다치가 6세기에 지었으며 트빌리시에 남아 있는 성당 중 가장 오래된 건물이다. 물론 벽돌 기둥이나 일부 벽은 17세기 것이고 이후에도 개축을 거듭해 지금 모습이 되었으니, 건축 연도를 따지는 일은 어쩌면 무의미한 일일 수도 있다. 성당 옆에는 트빌리시 관광 명소인 시계탑이 앙증맞은 모습으로 서 있다.

　　강 건너 동쪽 편에는 므트크바리 강가 작은 절벽 위에 메테히Metekhi 성당이 자리하고 있다. 성당 자리는 지금은 여러 아스팔트 대로가 교차하는 틈새에 옹색하게 들어앉은 자그마한 언덕에 불과하지만 한때 조지아 왕국의 정치적, 종교

적 중심지였다. 이 성당은 13세기에는 몽골, 16세기에는 페르시아의 침입으로 철저하게 파괴되었다. 이민족의 잦은 침입은 종교적 순교자도 낳았다. 16세기에 침공한 페르시아인은 현지 포로들에게 이슬람으로 개종을 강요하고 이를 거부하는 사람은 절벽 아래 강물에 떨어뜨려 처형했다. 이처럼 피비린내 나는 순교의 역사를 증언하듯 이 성당에는 6세기 페르시아 침공 때 조로아스터교로 개종하라는 압력을 거부하고 죽음을 택한 성 슈사니크의 무덤이 있다. 서유럽의 웅장하고 화려한 대성당에 익숙한 내 눈에 건물 자체는 예스럽긴 해도 작고 소박했다.

교회 뜰에는 트빌리시를 건설한 바흐탕 고르가살리왕의 기마상이 위풍당당한 모습으로 강 건너편을 바라보고 서 있다. 바흐탕왕은 5세기에 도시를 건설할 때 바로 이 자리에 지금은 사라진 궁전과 성당을 세웠다. 다비트왕의 궁전도 이곳에 있었으니, 이 자리는 조지아인에게는 역사적 황금기를 환기시키는 유서 깊은 곳이다. 이곳은 13세기 몽골에 의해 폐허가 된 후에도 재건과 파괴가 거듭됐는데, 그때마다 조지아인들은 12세기에 다비트왕이 건설한 성당 모습을 가능하면 충실히 재현하려 했다고 한다.

도시에 산재한 교회나 정교회 유적을 둘러보면 기독교가 조지아인의 삶에서 어떤 의미인지 절감할 수 있다. 조지아 정교회는 조지아의 역사에서 꿋꿋하게 이어지면서 이들 삶의

< 2011년 지진으로 무너진 인근 건축 잔해를 이용해 건축한 것이다. 구도심의 시계탑은 관광객마다 방문 인증 사진을 찍는 명소다.

한 부분으로 뿌리내렸다. 소련 치하 70년 동안 무신론의 이념 공세와 박해를 거치고도 이렇게 독실한 종교적 전통을 유지했다는 것이 놀랍다.

이제 고색창연한 작은 건물들과 골목길을 벗어나 므트크바리강 쪽을 바라보면 예스러운 주변 경관과 달리 유난히 현대적인 다리가 눈에 확 들어온다. 이 초현대적 양식의 보행자 전용 다리는 2010년 이탈리아 건축가 미켈레 데 루키Michele De Lucchi의 설계로 유리와 강철로 건설되었으며, 평화의 다리로 불린다. 멀리서 보면 활처럼 휜 아치가 보행로를 덮는 모양으로 되어 있고, 해가 지고 나면 6,000여 개의 LED 조명이 다리를 훤히 밝혀준다. 다리 중간에 서 마치 전망대처럼 보면 주변의 주요 관광 명소를 두루 볼 수 있다.

중세풍 도시 한가운데 들어선 이 현대적 '흉물'에 대해서는 건축 당시에도 건축가나 도시계획가 등 전문가뿐 아니라 각계각층 사람들의 비판이 쏟아졌다. 트빌리시 방문자들에게도 이 다리에 대한 평가는 극과 극으로 엇갈린다. 이처럼 반대를 무릅쓰고 유독 초현대적인 디자인을 채택한 것은 서구화를 지향하겠다는 조지아 정부의 강력한 의지의 표현이었던 것 같다. 경제 개발을 최우선으로 여기던 개발 독재 시절에는 한국의 지도자들도 비슷하게 생각했다. 그 시절의 대통령은 과거 유산은 관광 자원이 안 된다면 보존 가치가 없다고 생각했고 그 대신 현대적 고층 빌딩으로 가득 찬 광화문 거리를

< 므트크바리 동쪽 강변의 메테히 성당은 과거 조지아의 전성기에는 권력의 중심지였다. 성당 앞에는 5세기에 도시를 건설한 바흐탕왕의 동상이 서 있다.

∧ 고풍스러운 도시 트빌리시의 강을 가로지르는 초현대적인 평화의 다리.

꿈꾸었다고 한다. 낡고 예스러운 시가지 여기저기 공사장 소음으로 요란한 개발도상국의 모습은 내게도 익숙하다.

　조지아의 현재 모습을 엿볼 수 있는 또 하나의 장소는 구도심에서 다소 떨어져 있는 츠민다 사메바Tsminda Sameba(성 삼위일체) 성당이다. 이 성당은 엘리아 언덕 위에 높이 솟아 있어 멀리서도 쉽게 눈에 띈다. 야간에는 조명을 밝혀 멀리서 바라보아도 장관이다. 약 10년간 공사가 진행되어 2004년 완공되었으니 역사 도시 트빌리시에서는 가장 최근 지은 랜드마크에 속한다. 이 성당은 조지아가 사회주의 국가 소련에서 독립한 후 일어난 종교적 르네상스의 상징이자 조지아 문화의 건축적 표현으로서 야심 차게 건설한 것이다. 현대적 건축 자재인 콘크리트와 벽돌, 대리석, 화강암을 사용해 건축했으며, 건물 높이는 84미터에 달하고 건물 정상의 돔 위에는 황금으로 입힌 십자가가 솟아 있다.

작고 소박하며 내부도 어두워 겸손함을 강조하는 듯한 느낌을 주는 다른 조지아 정교회 성당과 달리, 츠민다 사메바 성당은 밝은 내부와 웅장함을 특징으로 한다. 내부 회랑이 다섯에 달할 정도로 넓은 건물 복합체인데도 높이 솟아오르는 듯한 느낌을 주도록 설계한 덕분에 하나의 거대한 성채처럼 보인다. 성당 안으로 들어서자 사실 종교적 경건함보다는 조지아 민족주의의 성전을 마주한 듯한 느낌을 더 강하게 받았다. 성당 건축 비용을 대부분 익명의 기부를 통해 조달했다는 점 역시 새로운 랜드마크 조성에 대한 조지아인의 집단적 열망을 말해 준다. 건물이 주는 느낌이나 상징성은 이전에 세르비아의 베오그라드에서 본 성 사바 성당과 비슷했다. 유고슬라비아 연방이 해체되고 종교가 민족 갈등의 축이 된 발칸에서 거대한 종교적 상징물의 건설은 어쩐지 호전적 민족주의의 느낌을 지우기 어려웠다. 하지만 트빌리시의 대성당에서는 그러한 호전성보다는 러시아에서 벗어나 유럽화와 현대화에서 미래를 찾고자 하는 조지아인의 간절함이 느껴졌다. 성당에서 나오니 이미 해가 지기 시작했고 어둠이 깔리

자 화려한 조명을 받은 성당이 마치 하늘에 떠 있는 듯한 초현실적인 이미지로 다가왔다.

거리 이름 속의 역사

유럽 도시에서 그렇듯이 트빌리시도 그 중심에 광장이 있다. 중심가인 쇼타 루스타벨리 거리 동남쪽 끝에 가면 유럽풍 광장이 나온다. 높다란 흰 대리석 기둥 꼭대기에는 창으로 용을 제압하는 성 조지의 모습을 재현한 황금빛 동상이 자리 잡고 있다. 동상 바로 뒤에는 신고전주의 양식의 시청 청사가 자리를 지키고 있고, 부근에는 외국 기업의 간판을 단 건물들이 서 있었다. 한국 대기업의 간판도 보였다. 자유 광장 Freedom Square은 어두운 소련 시절의 기억을 떨쳐 버리고 세계를 향해 문을 연 새로운 조지아의 의지와 희망을 집약해 보여 주는 듯하다. 이 광장을 기점으로 트빌리시의 주요 도로 여섯 군데가 갈라진다. 이곳은 트빌리시에서는 서울로 치면 광화문 광장쯤에 해당한다.

쇼타 루스타벨리 거리에는 랜드마크급의 건물이 어깨를 나란히 하면서 서 있다. 관공서, 박물관, 오페라 극장 등 공공 건물과 호텔, 기업 사옥이 나름대로 독특한 건축 양식을 뽐내고 있다. 제정 러시아 시절에는 관공서 건물이 줄지어 서 있었고, 소련 시절에도 소비에트 양식의 위압적인 국가 기구

< 독립 후에 전 국민의 염원을 담아 건설한 초민다 사메바 성당.

청사가 즐비하던 거리다. 지금도 이 거리는 트빌리시뿐 아니라 조지아의 권력과 문화의 중심지 구실을 하고 있다. 이 거리가 유럽풍을 띠게 된 것은 1795년 페르시아의 침공으로 완전히 파괴된 후 재건되었기 때문이다. 1801년 조지아를 새 영토로 합병한 러시아인은 자신들의 취향대로 거리를 새로 설계했다. 이 거리는 곧 신고전주의, 비잔틴, 아르 누보 등 당시러시아 귀족이 선호하던 유럽식 건물로 채워졌다.

조지아가 소련 산하의 공화국으로 합병된 후에는 스탈린주의 건축 등 사회주의 양식의 건물이 추가되었다. 1930년대에 건설된 마르크스–엥겔스–레닌연구소(IMELI) 청사가 대표적인 예다. 웅장하면서도 장식을 최소화한 이 독특한 건물은 1986년 소련의 건축 유산 목록에도 올라갈 정도로 유명한 건물이었다. 조지아 독립 후에는 잠시 의회의사당, 헌법재판소로 사용되었고, 1995년 독립 후에는 첫 헌법이 여기서 공포되었다. 그러다가 결국 민간에 매각되면서 원래 모습을 상당히 잃었고, 개조 공사를 거쳐 2016년부터 빌트모어 호텔 건물 일부로 사용되고 있다. 이 건물은 소비에트 시절의 상징물을 제거한 채, 우뚝 솟은 초현대적 유리 타워로 들어가는 입구로 옹색하게 자리를 지키고 있다. 고풍스러운 도시 분위기와 전혀 어울리지 않는다는 잇따른 비판 속에서도 트빌리시시 정부는 세 군데에 추가로 초고층 빌딩 복합체 건설을 추진하고 있다. 아쉽지만 미국 대도시처럼 현대적이고 기능적인 빌딩이 트빌리시의 스카이라인을 온통 차지하게 될 날도 멀지 않은 듯하다.

소비에트 시절에 지은 또 하나의 흥미로운 건물은 국회의사당이다. 19세기에만 해도 이곳에는 알렉산드르 넵스키 성당Alexander Nevsky Cathedral이 있었는데, 러시아 혁명 후 소련 정부는 성당을 허물고 1933년부터 그 자리에 소련풍의 현대식 건물을 짓기 시작했다. 지금 쇼타 루스타벨리 거리를 따라 서 있는 웅장한 건물이 바로 그때 작품이다. 거리 쪽에서는 기둥과 아치로 된 건물 한 동만 보이지만 그 뒤에는 마당을 사이에 두고 또 하나의 건물이 연결되어 있다. 이 거대한

∧ 소련이 볼셰비키 혁명 후 알렉산드르 넵스키 성당을 허물고 새로 건설한 소련풍 건물이다. 현재 조지아 의회 건물로 사용되고 있다.

건물은 소련 시절에는 조지아(그루지야) 소비에트 사회주의 공화국 정부 청사로 사용되었고, 독립 후에는 여러 차례 용도가 바뀌었다. 1997년과 2012년 사이에는 의회가 제2 도시인 쿠다이시로 이전함에 따라 별관 구실을 하다가, 2019년 1월부터 다시 의회 건물로 사용되고 있다.

조지아의 굴곡진 역사는 건축물뿐 아니라 잘 보이지 않는 형태로도 남아 있다. 자유 광장은 수많은 차가 거리를 메우고 행인이 오가는 활기찬 곳이지만, 그 밝은 이면에는 조지아의 극적이고도 어두운 피의 역사가 압축되어 있다. 이 광장은 조지아 역사에서 획을 그은 사건들이 벌어진 현장이다. 1990년대 초 소련이 해체될 무렵 독립을 외치는 시위가 벌어진 장소이자, 2003년에는 장미 혁명으로 정권을 교체한 민주주의의 산실이며, 2005년 트빌리시를 방문한 조지 부시 미국 대통령이 운집한 군중 앞에서 연설한 장소이기도 하다.

지금은 자유 광장으로 불리지만 이 광장은 지금까지 여러 차례 이름이 바뀌었다. 그 변화는 조지아 역사의 주요 흐름을 압축해서 보여 준다. 제정 러시아 때는 에르반스키 광장혹은 파스케비치-에르반스키 광장으로 불렸다. 러시아군의 이반 파스케비치Ivan Paskevich 장군이 현재 아르메니아의 예레반에 해당하는 데이반을 정복한 후 그의 공적을 기리기 위해 이름을 붙인 것이다. 1918년 최초로 조지아 공화국 건국이 선포되었을 때는 시대 분위기를 반영해 자유 광장이라는 이름을 얻었다. 하지만 조지아가 1921년 소련에 합병되면서 공화국의 짧은 봄은 끝났고 그 이름도 사라졌다.

한때 조지아 출신 KGB 수장 라브렌티 베리야Lavrentii Beriya의 이름을 따서 베리야 광장이 된 적도 있었다. 베리야는 조지아 수쿠미 출신으로 조지아 공산당을 이끌다가 스탈린에게 발탁되어 소련 비밀경찰 수장으로 막강한 권력을 휘둘렀다. 권력의 상징적 중심지인 이 광장이 이처럼 시류를 탄것은 어쩌면 당연한 일이다. 스탈린이 사망하고 격하 운동이 벌어지자 베리야도 숙청됐고, 광장은 다시 레닌 광장이라는 새 이름을 갖게 되었다. 소비에트 시절의 수많은 도시처럼 이 광장에는 거대한 레닌 동상이 오랫동안 도심을 굽어보고 서 있었다.

소비에트 연방이 해체되고 조지아가 독립을 선포하면서 레닌 광장은 조지아 공화국 시절의 자유 광장이라는 이름을 되찾는다. 1990년 독립의 열기 속에서 레닌 동상은 군중에 의해 파괴되고, 소비에트 시절의 다른 동상과 기념물도 거리에서 철거되었다. 2006년 11월 레닌 동상 자리에는 황금색으로 빛나는 성 조지의 동상이 들어섰다.

소련의 흔적을 지우고 유럽 국가를 지향하려는 열망은 건축이나 동상뿐 아니라 도시 곳곳의 이름에서도 드러난다. 1990년대 조지아에서는 민족주의 열풍이 불면서 도시 곳곳의 광장이나 거리마다 민족 전통에 맞는 새 이름을 붙이기 시작했다. 특히 2003년 장미 혁명 이후에는 러시아나 소련의 역사적 기억을 지우려는 노력이 국가 차원에서 전개되었다. 2009년 조지아 제2 도시 쿠다이시에서는 소련의 2차 세계 대전 전승기념비를 폭파해 러시아 정부와 알력을 빚기도 했다. 2011년 조지아 내무부는 아예 공식 기구까지 설립해서 소비에트 이데올로기의 잔재를 지닌 상징물, 기념비, 조각, 거리나 공원 이름을 찾아내 파괴하거나 새로운 이름을 붙일 것이라고 발표했다.

트빌리시에서 가장 중심부인 쇼타 루스타벨리 거리가 대표적이다. 이 거리는 1840년대부터 제정 러시아의 코카서스

∧ 쇼타 루스타벨리 거리에는 헌책을 늘어놓고 파는 노점상을 종종 볼 수 있다. 거리 기둥에는 선거 포스터가 여기저기 붙어 있다.

∨ 쇼타 루스타벨리 거리는 넓은 차로를 중심으로 양쪽에 가로수와 높은 건물이 들어서 있다. 도로가 끝나는 지점에 자유 광장의 성 조지 상이 보인다.

주둔군 사령관인 예브게니 골로빈Yevgeny Golovin의 이름을 따서 골로빈 거리로 불렸다. 1918년 초 조지아 공화국은 건국 선포와 더불어 조지아 민족을 상징하는 인물로 거리 이름을 바꿨다. 새 거리명은 12~13세기 조지아 황금시대 최고의 시인 쇼타 루스타벨리Shota Rustaveli의 이름을 땄다. 소련에서 독립한 후에는 신생국의 민족주의 정서에 걸맞게 예전 이름을 되찾은 것이다. 루스타벨리는 중세 조지아 전성기의 강력한 군주 타마라 여왕에게 바친 대서사시 〈표범 가죽을 두른 용사*The Knight in the Panther's Skin*〉로 유명하다. 이 시는 조지아의 대표 문학 작품으로 납치된 여인들을 구출하는 용사의 이야기를 다루는데, 국내에도 번역서가 나와 있다. 트빌리시에는 과거 조지아의 유명 시인이나 예술가의 이름을 붙인 곳이 유독 많다.

이 밖에도 트빌리시 시내에서 거리나 광장 이름의 변화를 추적해 보면 흥미로운 사례가 적지 않다. 소련 시절의 혁명가나 유명인 이름을 붙인 거리는 조지아의 시인이나 역사적 인물의 이름으로 새로 단장했다. 러시아 볼셰비키 혁명가의 이름을 딴 플레하노프 거리는 조지아 전성기인 11세기 바그라티의 다비트왕을 뜻하는 다비트 아그마세네벨리 거리로 바뀌었다. 도심 유흥가인 페롭스카야 거리는 아크블레디아니 거리로 개칭했다. 소련 혁명가 소피아 페롭스카야 Sophia Perovskaya의 이름을 폐기하고 대신 한때 이곳에 거주한

20세기 시인의 이름을 붙인 것이다. 주라브 자바니아 광장은 2005년 사망한 조지아 수상의 이름을 땄는데, 원래 이름은 유리 가가린 광장이었다. 소련 시절 세계 최초의 우주 비행사로 소비에트 연방 영웅 칭호를 받은 유리 가가린Yurii Gagarin이 그 주인공이다.

소련 시절의 공산주의 체제가 사라졌음을 실감하게 해 주는 이름도 있다. 클레부르네오바(집단 농장) 광장 거리는 조지아 시인 이름을 따서 바라타시빌리 거리로 개명했지만, 현지인 사이에서는 이전 이름이 여전히 통용된다. 왠지 모르나 버스 터미널과 농산물 시장의 존재가 집단 농장 시절의 기억을 계속 환기하기 때문인지도 모른다. 지하철 역 중에서도 현재 나자라데비역의 원래 이름은 옥톰베리역이었는데, 이는 소련 건국의 계기가 된 10월 혁명을 뜻했다. 이와 비슷하게 콤소몰komsomol, 즉 공산주의 청년동맹을 의미하는 콤카브시리역은 지금은 그냥 의과대학역으로 불린다.

소련 해체 후 독립한 공화국들은 대부분 새로운 국가상과 민족의식에 걸맞은 이름을 찾아 나섰다. 하지만 조지아처럼 철저하게 새로운 민족 자화상에 맞는 이름 짓기에 열심인 곳은 보기 드물다. 관광객이 트빌리시 거리를 걸어 다니다 보면 그냥 스쳐 지나가기 쉬운 거리 이름이나 작은 기념비, 동상에도 조지아의 역사가 깊이 배어 있다. 그 이름에서는 조지아인의 과거뿐 아니라 미래의 꿈과 희망도 읽어 낼 수 있다.

종교적 수도 므츠헤타

트빌리시 주변에는 당일치기로 다녀올 만한 데가 몇 군데 있다. 이 중 가장 인기 있는 방문지는 므츠헤타다. 트빌리시가 조지아의 정치적, 경제적 중심지라면 므츠헤타는 조지아인의 정신적인 수도다. 4세기에 바로 이곳에서 성 니노는 당시 동부 조지아의 이베리아 왕국을 기독교로 개종시켰다. 므츠헤타를 방문해 유적 구석구석에 담긴 의미를 음미해 보면, 조지아인의 정신세계를 어렴풋이 이해할 수 있다. 물론 5세기에 동부 조지아의 바흐탕 고르가살리왕이 트빌리시로 수도를 옮기기 전까지 므츠헤타는 종교적으로뿐 아니라 정치적으로도 심장부였다. 지금은 한적한 시골 마을이지만 므츠헤타에는 고대 왕국의 흔적뿐 아니라 조지아 정교회의 중심지답게 역사가 오래되고 교회사에서도 중요한 교회가 여럿 자리 잡고 있다.

므츠헤타는 트빌리시 북서쪽으로 대략 20킬로미터 떨어진 곳에 있다. 트빌리시 시내를 떠난 버스는 강변을 따라 달렸다. 얼마지 않아 주변의 산과 강이 잘 어우러지는 수려한 위치에 자그마한 마을이 나타났다. 한때는 한 나라의 수도였지만 지금은 인구가 8,000명에 불과한 마을이다. 이 작은 도시는 트빌리시를 관통하는 므트크바리강이 아라그비강과 만나는 지점에 있다.

고즈넉한 마을 안으로 들어서니 순례인지 관광인지는 모르나 교회를 방문하러 온 사람들의 무리가 눈에 띄었다. 이들의 뒤를 따라가니 작은 십자가를 얹은 정교회 성당의 돔이 성벽 너머로 모습을 드러냈다. 므츠헤타뿐 아니라 조지아 전역의 여러 유서 깊은 교회 중에서도 위상이나 중요도에서 으뜸가는 스베티츠호벨리 성당이다. 이 성당은 조지아 역사에서 황금기이자 교회 건축의 전성기이던 11세기에 지은 것이다. 조지아에서는 건축 양식 측면에서뿐만 아니라 종교적으로도 중요한 성당이다.

성당은 사방이 성벽으로 둘러싸인 널따란 마당 가운데 서 있다. 유럽의 교회처럼 위에서 보면 두 회랑이 교차하는 긴 십자가 모양을 이루고, 건물 안팎은 정교한 조각으로 장식되어 있다. 멀리서 보면 여러 개의 작은 건물을 겹쳐 쌓은 듯한 3층 바실리카 구조를 하고 있다. 지금 보아도 상당히 큰 건축물인데, 건설 당시에는 입이 떡 벌어질 정도로 웅장한 규모였을 것이다. 건물 외벽은 세월의 흔적이 역력했다.

사람들을 따라 어둑어둑한 성당 안으로 들어가니 신자들이 촛불을 밝혀 놓고 경건한 자세로 기도를 드리고 있었다. 실내에는 커다란 지붕 아래 작은 원통형 교회가 있는데, 예루살렘 성묘 교회 안에 있는 원통형 교회를 본떠 지은 것이다. 성당 내부는 뛰어난 음향 효과를 내도록 설계되었다. 조지아에서는 무반주 합창 형식의 성가가 미사 일부를 이루는데, 실내

를 둘러보면서 공연을 직접 보고 싶다는 생각이 들었다.

　　중세 조지아 왕국의 수도였던 시절에는 국왕의 대관식과 장례식이 이 성당에서 열렸고 왕족은 사망 후 교회 안에 안치되었다. 이 성당이 조지아 정교회에서 높은 위상을 차지한 데는 이유가 있다. 전승되는 이야기에 따르면 성당 터 밑에는 예수가 십자가에 못 박힐 당시 입고 있던 옷('성의')이 묻혀 있다고 한다. 예수의 십자가형 집행 당시 므츠헤타의 유대인 엘리오즈라는 사람이 마침 예루살렘에 갔다가 이 성의를 손에 넣어 집에 돌아왔다. 그의 여동생 시도니아가 성의에 손을 대자 갑자기 격렬한 종교적 흥분 상태에 빠진 후 숨을 거두고 말았다. 아무리 애를 써도 시신에서 옷을 떼낼 수가 없어 사람들은 시도니아와 성의를 그대로 이 교회 자리에 매장했다. 세월이 지나면서 정확한 매장 장소는 차츰 잊혀졌다.

　　그 후 4세기에 이르러 미리안왕이 기독교를 공인한 후 이곳에 교회를 짓기로 했다. 그런데 공사가 진행되던 중 건물 중앙에 사용할 기둥이 땅에서 떨어지지 않아 도저히 일으켜 세울 수가 없었다. 성 니노가 밤새 기도를 하자 기둥이 저절로 움직여 시도니아와 성의가 매장된 자리에 서는 기적이 일어났고, 이후에도 이 기둥은 많은 기적을 일으켰다는 것이다. 스베티츠호벨리라는 이름도 조지아어로 '생명을 주는 기둥'이라는 뜻의 단어에서 나왔다. 성당 내부에는 프레스코로 장식하고 작은 지붕으로 덮은 사각형 탑 모양의 시설이 있는데,

< 스베티츠호벨리 성당은 여러 작은 건물을 겹쳐 쌓은 듯한 3층 바실리카 구조로 되어 있다.

∧ 스베티츠호벨리 성당은 높은 성벽으로 둘러싸여 있다.

그 밑에 예수의 성의가 묻혀 있다고 전해진다.

　스베티츠호벨리 성당은 처음 지었을 때는 지금과 달리 아주 소박한 규모였다. 5세기에 이르러 바흐탕 고르가살리왕은 이전의 교회를 허물고 돌로 새로 지었다. 성당 왼쪽에는 당시 건축의 흔적이 남아 있다. 이 유서 깊은 성당에는 수많은 왕의 시신이 매장되어 있다. 바흐탕 고르가살리, 에레클레 2세, 그리고 조지아의 마지막 왕인 조지 12세도 성당 안에 묻혀 있다. 전성기의 므츠헤타는 조지아 기독교 신앙과 정교회의 중심지였을 뿐 아니라 정치적 수도이기도 했다는 사실을 말해 주는 살아 있는 증거다.

　성당 외벽을 따라 건물 뒤로 돌아가면 이끼 낀 조각이나 주춧돌 따위가 널려 있는 뜰이 나온다. 사각형으로 쌓은 높다란 성벽이 이 성당에 닥친 그 수많은 세월의 자취를 안은 채 솟아 있었다. 성벽을 따라 원통형과 사각형의 감시탑이 들어서 있었다. 고개를 들어 하늘을 보았다. 구름이 간간이 낀 푸른 하늘이 유난히 평화로웠다. 지상과 천상의 권력을 모두 쥐고 흔들던 과거 므츠헤타의 영광은 사라지고 이제는 신심 깊은 순례자나 여행자의 발길만 간간이 오갈 따름이었다.

　스베티츠호벨리 성당을 나와 호객 중인 택시 하나를 잡았다. 맞은편 강 건너 언덕 정상에 있는 즈바리 수도원Jvari Monastery을 향했다. 이 수도원은 므츠헤타 동쪽 해발 656미터 즈바리산 정상에서 마을을 굽어보는 위치에 있다. 차는 강을

> 즈바리 수도원은 호젓한 언덕 위에 들어앉은 소박한 수도원이다. 수도원 주변을 에워싸고 있던 성벽의 흔적이 남아 있다.

∧ 즈바리 수도원 언덕 정상에 서면 므츠헤타의 아름답고 평화로운 풍경을 내려다볼
수 있다. 두 강물이 만나는 지점의 작은 마을이 므츠헤타다.

건너 구불구불한 비포장도로를 올라간 후 언덕 정상에 나를
내려주었다. 주차장 부근에는 기념품이나 생수를 파는 상인
들이 무료한 표정으로 서성거리고 있었다. 거의 돌담에 가깝
다고 해야 할 정도로 반쯤 허물어진 나지막한 성벽 너머로 아
담한 정교회 성당 건물이 서 있었다. 풀밭 사이로 난 오솔길을
따라 수도원 건물을 향해 걸음을 옮겼다.

즈바리 수도원은 스베티츠호벨리 성당과 더불어 조지아
인에게 매우 중요한 성지다. 4세기에 성 니노가 동부 조지아

에 기독교를 전파하면서 이교도 신전이던 이곳에 포도나무로 만든 대형 십자가를 세웠다. 그 사건을 환기시키려는 듯 즈바리라는 이름도 '십자가'라는 뜻의 단어에서 따왔다. 이 십자가는 많은 기적을 행하는 것으로 소문나 조지아뿐 아니라 코카서스 전역에서 순례자가 끊임없이 이곳에 몰려들었다. 구아람 1세 통치기이던 545년경 여기에 '작은 즈바리 교회'가 들어섰으나, 몰려드는 순례자를 감당하지 못할 지경이 되자 590년에서 605년 사이에 구아람왕의 아들 에릿므타바리 스테파노스 1세가 원래의 작은 교회 남쪽에 '큰 즈바리 교회'를 추가로 건축했다. 수도원 동쪽 전면 벽에는 스테파노스를 비롯해 교회를 세우는 데 기여한 인물들의 모습을 새긴 부조가 남아 있다.

즈바리 수도원은 똑같은 크기의 반원형 건물 네 동을 십자가 모양으로 교차시켜 쌓은 형태여서, 마치 네 개의 호두 껍질을 이어붙인 듯 사방이 대칭을 이뤘다. 그 위에 아주 나지막한 돔 지붕이 얹혀 있어 작은 건물은 더욱 소박한 분위기를 자아낸다. 즈바리 양식이라 불리는 이 건축 양식은 조지아뿐 아니라 이웃 기독교 국가인 아르메니아에까지 널리 유행했는데, 이 수도원은 바로 그 양식의 선구자에 해당한다. 외세와 이교도의 침략을 많이 겪은 조지아에서 중세 초기 교회 건축으로는 원래 모습을 그대로 간직하고 있는 극히 드문 사례이기도 해서 건축사 측면에서도 의미가 큰 건물이다.

∧ 즈바리 수도원 문 위의 팀파눔에는 십자가를 호위하는 천사의 모습이 새겨져 있다.

수도원 성당 건물은 서쪽으로는 므츠헤타를 굽어보는 절벽을 끼고 있다. 주 건물의 입구는 남쪽과 북쪽으로 나 있는데, 북쪽은 '작은 즈바리 교회'와 이어져 있다. 중세 말기에는 수도원 주위에 돌로 벽을 쌓아서 요새화하는 작업이 추가로 이루어졌는데, 수도원을 에워싸는 돌담같이 나지막한 울타리는 그때의 흔적이다. 남쪽 입구 위의 반원형 공간인 팀파눔에는 두 천사가 성스러운 십자가를 호위하는 장면이 부조로 새겨져 있다. 성당 안으로 들어가면 내부는 아주 작고 소박해 오히려 경건한 분위기를 자아낸다. 내부 한가운데는 돌로 된 기단 위에 커다란 나무 십자가가 세워져 있다. 팔각형 기단은 원래 수도원이 들어섰던 시절의 것이다. 바로 여기가 오래전 성 니노와 미리안왕이 큰 나무 십자가를 세웠던 자리다.

성당 바깥으로 나오면 서쪽 절벽 아래로 므츠헤타 주변 경관이 한눈에 들어온다. 저 멀리 높은 산들이 에워싸고 있는 가운데, 므트크바리강이 아라그비강과 만나는 지점에 자그마한 마을이 평화롭게 펼쳐져 있다. 종교나 건축에 무관심한 방문자에게는 즈바리 수도원에서 가장 좋은 볼거리는 성당 건물 자체보다는 오히려 마을을 굽어보는 뛰어난 전망이다. 즈바리 수도원이 건축물로서 뛰어난 평가를 받는 이유는 바로 주변 경관과 조화를 이룬다는 점에도 있다. 국내에서도 역사가 오래된 절은 대개 산세가 수려한 명당자리에 있다. 이러한 고찰은 건물은 소박해도 주변의 산수와 어우러지면서

∧ 삼타브로 수도원은 부활 성당과 성 니노 수도원, 그리고 한때 왕궁까지 포괄하던 작은 성벽 도시였다.

∨ 삼타브로 수도원 안에는 여러 오래된 교회 건물이 모여 있고, 늘 평범한 시민들의 일상적 행사가 열리고 있다.

아름다운 풍광을 자아낸다. 절 구경의 백미는 불당보다는 절에서 바라보는 풍광에 있다. 이는 한국 전통 건축에서 자연과의 조화를 강조하는 세계관을 보여 준다. 이러한 점은 즈바리 수도원에도 들어맞는다.

어떻게 보면 즈바리는 자연과 조화를 이루면서 은거하는 삶을 추구한 건축 철학 덕분에 수많은 외세의 침략과 파괴에서 비켜났는지 모른다. 하지만 소련 시절에는 이 외딴 수도원도 종교 탄압이라는 수난을 피하지 못했다. 이 수도원은 공식적으로는 국가 기념물로서 보호 대상이지만, 군 기지 부근에 있다는 이유로 사실상 접근이 차단되었다. 조지아가 소련에서 독립한 후에야 즈바리 수도원은 제 기능을 되찾았다.

즈바리 수도원에서 내려와 다시 마을로 돌아왔다. 삼타브로 수도원Samtavro Monastery이 므츠헤타에서 마지막 행선지인데, 앞의 두 성당보다는 훨씬 더 느긋하게 둘러보았다. 세 군데 성당과 수도원은 모두 유네스코 세계문화유산이다.

삼타브로 수도원은 삼타브로 부활 성당과 성 니노 수녀원까지 포괄하는 교회 도시다. 성벽으로 둘러싸인 넓은 터에는 주 성당뿐 아니라 작은 교회, 종탑과 현대에 와서 지은 부속 건물이 이어져 있고, 과거 궁전 건물의 흔적도 남아 있다. 중세 조지아에서는 이곳이 종교적 공간일 뿐 아니라 정치적 통치 장치로서도 핵심적 부분이었다는 사실은 수도원 이름에서도 드러난다. 삼타브로라는 이름은 조지아어로 '통치자의 장소'라는 뜻이다. 궁전이자 교회, 수도원의 요소를 모두 갖춘 것이 놀랄 일은 아니었다.

물론 삼타브로 수도원에서도 그 위상에 걸맞게 교회사적으로 중요한 사건이 기록되어 있다. 바로 4세기경 기독교가 전래될 당시 성 니노와 관련된 이야기다. 성 니노가 여기에 작은 교회를 세웠고, 그 후 미리안 3세가 성 니노의 행적을 기려 그 자리에 큰 교회를 건설했다고 한다. 현재의 건물은 11세기에 조지 1세 때 지은 것으로 당시 조지아 건축 양식의 전형적 특징을 보여 준다.

주말을 맞아 수도원에는 방문자들이 가득했다. 무슨 가족 행사라도 있는지 번듯이 차려입은 아이와 젊은 남녀가 여기저기 보였다. 서유럽에서 간혹 성당 미사를 참관한 적 있었다. 성당 건물은 웅장하고 화려했지만, 성직자는 노쇠했고 좌석에는 노인들만 드문드문 앉아 있었다. 유럽이 기독교 국가라는 것은 옛말일 뿐 종교적 열정은 이제 일부 나이든 이들만의 몫인 듯했다. 하지만 조지아인에게는 기독교가 여전히 세대를 막론하고 삶의 중요한 부분이다. 교회는 아직도 출생과 결혼, 장례 등 모든 이들의 삶 전반에 깊숙이 뿌리내린 문화임을 므츠헤타에서 절감할 수 있다. 조지아의 성당들은 작고 소박한 데다 세월의 흔적이 깊게 배어 있어 남루했지만, 범접하기 어려운 권위와 엄숙함이 느껴진다.

신화의 땅 카즈베기로 가는 길

이제는 북쪽 러시아 접경 지역의 카즈베기로 갈 시간이다. 코카서스 관련 책의 표지 사진을 보고는 깊은 인상을 받았는데, 카즈베기는 바로 그 현장이다. 어떤 여행지든 신비로운 이미지로 호기심을 자극하는 대표적 사진이 있기 마련인데, 조지아에서는 카즈베기가 으뜸가는 곳이다.

트빌리시의 디두베 버스 터미널에서 미니버스를 타고 북쪽으로 달렸다. 가뜩이나 작은 버스는 승객으로 만원이어서 비좁은 좌석에 쭈그려 앉아 긴 시간을 버텨 낼 생각에 정신이 아득했지만 달리 방도가 없었다. 트빌리시에서 러시아 블라디카브카즈까지 212킬로미터에 달하는 이 길은 흔히 조지아 군용 도로라고 불린다. 험난한 산맥과 계곡 등 온갖 장애를 넘어 코카서스를 남북으로 종단하는 이 길은 로마인 플리니우스Plinius의 글에서도 언급될 정도로 오래된 도로다. 물론 고대에는 목숨을 건 험한 여정이었겠지만, 지금은 만원 버스만 아니라면 잘 닦인 포장도로로 주변의 절경을 감상하면서 편안하게 달릴 수 있다.

여행자에게 최고의 인기 코스인 이 길이 군용 도로로 불리는 이유를 알려면 조지아와 러시아 간의 길고 질긴 인연을 이해해야 한다. 18세기 말 페르시아와 주변국의 위협에 시달리던 조지아는 1783년 자치권을 유지한 채 러시아의 보호를 받는다는 내용의 게오르기옙스크Georgievsk 조약을 맺는다. 그 직후 러시아는 군대를 투입해 1799년 마차가 다닐 수 있는 도로를 뚫었고 1863년에는 지금과 같은 모습으로 도로를 완성했다. 당시 러시아 제국 전역의 열악한 도로 사정을 감안하면 경이로운 수준의 투자였다. 러시아에게 코카서스 지역의 전략적 가치가 그만큼 높았기 때문일 것이다.

트빌리시를 출발한 지 얼마지 않아 왼쪽에 흐르는 강 건너 낯익은 므츠헤타가 스쳐갔다. 오른쪽 언덕 정상에는 즈바리 수도원의 실루엣이 하늘을 배경으로 평화롭게 서 있었다. 창밖으로 스쳐 가는 조지아 시골 풍경을 바라보면서 얼마를 더 가니 버스가 아나누리라는 곳에 잠시 멈춰섰다. 주차장에서 오솔길을 따라 내려가니 호숫가와 산을 배경으로 요새가 솟아 있다. 분명 처음 오는 곳인데 낯이 익어 생각해 보니 조지아 여행서 표지에서 본 바로 그 장면이었다.

아나누리 요새에는 성벽과 성탑, 교회가 비교적 완벽한 형태로 남아 있었다. 13세기에서 18세기까지 인근 지역을 통치하던 아라그비 영주 가문이 소유한 성으로 19세기 초까지 실제로 사용됐다. 지금 보는 풍경은 아름답지만 피비린내 나는 전투가 여러 번 벌어진 곳이다. 이 성은 높은 사각형 성탑을 중심으로 한 상부 요새와 나지막한 성채를 갖춘 하위 요새로 이루어져 있다. 높은 성탑에 오르면 주변의 아름다운 경관을 한눈에 볼 수 있는데, 이 성탑은 아라그비 영주 가문

> 아나누리 요새 주변은 조지아를 소개하는 대표 사진으로 나올 정도로 아름답다.

의 몰락 현장이기도 하다. 1739년 적대 관계에 있던 다른 귀족이 이 성을 공략해 불을 질렀고 아라그비 영주 가족은 성탑 막다른 곳까지 내몰려 모두 비참한 최후를 맞이했다.

성에는 두 교회가 비교적 온전한 모습을 갖춘 채 남아 있는데, 전면에 새긴 조각과 내부 프레스코가 유명하다. 시간이 없어 내부를 둘러보지는 못한 채 다시 버스로 돌아왔다. 아름다운 풍광을 배경으로 서 있는 건물에는 그만큼 얽힌 사연도 많고, 그중에서도 극적인 이야기는 사람들의 마음을 흔들어놓았다. 푸른 하늘과 구름 호수의 물빛이 빚어내는 평화로운 풍경에 차마 발길이 떨어지지 않았다.

버스는 점점 더 험한 길로 접어들기 시작했다. 거센 급류가 흐르는 계곡과 바위 절벽이 창밖으로 번갈아 스쳐 지나가는 가운데, 버스는 점차 가파른 언덕길을 힘겹게 올랐다. 높은 절벽 허리를 파내 구불구불하게 이어진 도로에서 까마득한 벼랑을 내려다보면서 달리다 보니 머리끝이 곤두섰다. 트빌리시에서 북쪽을 향해 120킬로미터쯤 달린 후 버스는 높은 고갯길에 잠시 멈춰 섰다. 푸른 하늘과 하얀 구름을 배경으로 저 아래 아득한 계곡과 산허리에 온통 녹색의 장관이 펼쳐졌다.

구다우리라고 불리는 이 주변은 조지아에서 대표적인 스키 리조트 지역이자 행글라이딩 애호가들의 천국이다. 이곳 스키장에는 수목 서식 가능선 위의 고지대에 스키 슬로프가

∧ 구다우리 전망대 아래로 악마의 계곡이라 불리는 깊은 골짜기가 보인다. 이 부근은 조지아에서 유명한 휴양지다.

있어 눈사태 위험도 거의 없다고 한다. 산악을 따라 난이도별로 다양한 스키 코스가 펼쳐져 있는데, 가장 고난도 코스는 리프트가 3,270미터까지 올라간다고 들었다.

버스가 멈춰 선 주차장 지척 벼랑 끝에는 러시아–조지아 친선 기념비가 '악마의 계곡'을 굽어보며 서 있었다. 돌과 콘크리트로 제작한 이 반원 조형물 안쪽에는 러시아와 조지아의 역사적 사건을 묘사한 화려한 색채의 벽화가 그려져 있었다. 벽화에 묘사된 역사적 인물과 사건을 구체적으로 이해할 수는 없었으나, 중세 프레스코화를 연상시키는 이미지를 화려하고 현대적 방식으로 묘사한 것이 인상적이었다. 조지아가 러시아의 보호령이 된 게오르기옙스크 조약 체결 200주년을 맞아

1983년에 이 기념비를 세웠다고 하는데, 현재 러시아와 조지아의 불편한 관계를 감안할 때 묘한 부조화를 느꼈다.

구다우리를 출발한 버스는 다시 언덕길을 따라서 올라가기 시작했다. 군용 도로에서 가장 고지대인 즈바리 고개를 넘은 후 길은 다시 내리막으로 바뀌었다. 한참을 달리다 보니 저 멀리 구름이 잔뜩 낀 높은 산들 사이로 마을이 모습을 드러냈다. 오늘 하룻밤 묵을 예정인 스테판츠민다 마을이다. 인구가 1,300명에 불과하니 그냥 작은 산골 마을이라 해도 무방하다. 사방이 높은 산으로 둘러싸인 이 외진 마을은 조지아 여행자의 필수 방문지다. 언뜻 평지처럼 보여도 마을이 해발 1,740미터의 고산 지대여서 여름에도 선선하다.

이 마을은 인근의 작은 은신처에서 은거하던 조지아인 수도사 스테판의 이름을 따라 스테판츠민다라 불린다. 현지인이나 방문자에게는 아직도 카즈베기라는 소련 시절의 이름이 더 익숙하다. 이 마을은 러시아 시절인 19세기에 이 주변을 지배하던 귀족의 성에서 따와 카즈베기라 불리기 시작했는데, 소련 시절이던 1925년 공식적으로 카즈베기라는 지명이 확정되었다. 그러다가 탈러시아 바람이 한창이던 2006년에 조지아 냄새가 물씬한 현재 이름으로 바꿨다.

이 마을에서 12킬로미터만 더 북쪽으로 가면 러시아 국경이고 대코카서스산맥을 관통하는 터널 너머는 러시아 땅이다. 러시아와 코카서스를 잇는 교통의 요지이고 전략적 요

< 구다우리에는 러시아와 조지아 사이의 게오르기옙스크 조약 200주년을 맞이해 세운 친선 기념비가 있다.

충지에 있는 이 국경 검문소의 운명도 러시아 – 조지아의 관계 변화에 따라 요동을 쳤다. 2006년 러시아는 이 국경을 차단했다가 2013년 아르메니아 측의 강력한 요구에 따라 다시 개방했다. 조지아 남쪽에 있는 친러시아 국가 아르메니아에게 이 군용 도로는 러시아와 이어지는 경제적 동맥과도 같았다. 국가 간의 자존심 싸움이나 갈등과 무관하게 사람들은 여전히 국경을 오가며 삶을 이어간다. 내가 묵은 민박집의 주인 부자는 러시아와 조지아 여권을 모두 갖고 양쪽을 넘나들며 지낸다고 했다.

이 마을은 동네 자체보다는 서쪽에 있는 카즈베기산과 게르게티 츠민다 사메바 교회(게르게티 성 삼위일체 교회Gergeti Trinity Church)로 더 유명하다. 조지아 관광을 홍보하는 가장 대표적인 이미지가 바로 눈 덮인 카즈베기산을 배경으로 산 위에 솟아 있는 게르게티 교회의 풍경이다. 카즈베기산은 해발 5,047미터에 달하는 사화산으로 사시사철 하얀 눈으로 덮여 있다. 안개나 구름으로 가려 있을 때가 많아 늘 장관을 볼 수 있다는 보장도 없다. 내가 도착한 날 바라본 카즈베기산 역시 안개와 구름에 가려져 있어 애를 태웠다.

카즈베기산은 어떤 면에서는 조지아 민족의 정체성을 이해하는 단서와 같다. 그리스 신화에 등장하는 프로메테우스 이야기도 이 산을 배경으로 한다. 프로메테우스 신화는 조지아 내에서도 약간 변형된 형태로 전승되고 있다. 조지아의 프

∧ 게르게티 츠민다 사메바 교회는 2,200미터 산 정상에 신비롭게 서 있다. 구름 사이로 마을이 까마득하게 내려다보인다.

로메테우스 격인 아미라니가 신의 권능에 도전했다가 영원한 형벌을 받는다는 이야기다. 프로메테우스나 아미라니가 묶여 있던 곳은 해발 4,000미터 높이의 산 중턱에 있는 동굴인데, '베틀레미'(베들레헴)라 불린 이 동굴에 아브라함의 천막과 예수 탄생 구유 등 진귀한 보물이 보관되어 있다는 전설이 전해진다. 카즈베기산 등반 캠프가 있는 해발 4,000미터 지점 부근에는 실제로 동굴이 하나 있어 상상력을 자극한다.

프로메테우스 이야기가 이 산을 배경으로 한다는 것은, 그리스인이 이해한 당시의 세계, 즉 요즘 식으로 '유럽'이라는 경계의 그 끝이 카즈베기였다는 뜻일 것이다. 그렇다면 현

∧ 산 정상에는 넓은 초원 지대가 펼쳐져 있고, 소들이 풀을 뜯는 목가적 풍경 너머로 하얀 구름을 배경으로 게르게티 츠민다 사메바 교회가 신비롭게 솟아 있다.

재 조지아가 국가의 미래상으로 추구하고 있는 유럽화는 고대의 신화 형태로 조지아인의 의식 속에 깊이 잠자던 유럽의 뿌리를 부활시킨 데 불과하다. 신화와 상상력은 사람들의 희망을 자극해 미래의 모습을 실제로 바꿔 놓기도 한다.

카즈베기는 워낙 험한 산이라 전문 산악인이나 가이드의 도움을 받아야만 등반할 수 있다. 더구나 조지아인은 이 산을 신성한 장소로 여겨 오랫동안 사냥이나 등산을 금기시했다. 1868년에 이르러서야 처음으로 인간이 정상에 올랐는데, 정상 등반에 성공한 사람들은 모두 유럽인이었다.

스테판츠민다 마을 방문객은 대개 카즈베기산이 아니라 게르게티 츠민다 사메바 교회를 보는 데 만족한다. 카즈베기산을 배경으로 2,200미터 높이의 산이 서 있는데 게르게티 츠민다 사메바 교회는 그 정상에 자리 잡고 있다. 이 교회는 조지아의 이미지를 구성하는 신화적인 장소이자 조지아인에게는 더없이 신성한 곳이다. 국가 비상시에는 조지아인에게 최후의 보루가 되기도 했다. 18세기의 기록에 따르면 전란이나 위기가 닥치면 므츠헤타에 소장한 성 니노 십자가 등의 국가 보물을 여기에 옮겨 안전하게 보관했다고 한다.

조지아인에게는 이처럼 신성한 곳이지만, 소련 시절에는 탄압에서 벗어나지 못했다. 소련은 이 수도원을 역사 유적으로 보존해 관광지로만 허용했을 뿐 종교 행사를 일절 금지했다. 지금은 다시 수도사가 거주하면서 미사를 드리는 성스러운 공간이 되었다. 조지아인에게 이 교회는 단지 구경거리가 아니라 살아 있는 신성한 공간이다.

교회가 있는 언덕으로 가는 길은 구불구불한 비포장도로다. 방문자 중에는 이곳을 걸어서 정상에 오르는 사람이 많다. 여름철이면 사방에 핀 야생화와 풍광을 둘러보면서 이 신비로운 산을 천천히 오르는 것도 특별한 체험이다. 소련 시절 말기인 1988년 이 수도원과 마을을 연결하는 케이블카를 건설한 적이 있는데, 주민들은 이를 신성모독으로 여기며 분노했다. 얼마 지나지 않아 주민들은 케이블카를 철거해 버렸다. 덕분에 정상으로 가려면 걸어서 산길을 등반하거나 사륜구동 차량을 빌려 타고 올라야 한다. 숙소에 도착했을 때 마침 차량 투어에 나선 유럽인 부부가 있어 동참했다. 차량은 놀이 기구처럼 요동을 치면서 구불구불한 산길을 달렸다.

정상에 오르자 넓은 평지에 푸른 초원이 펼쳐지고 풀밭에는 소들이 풀을 뜯고 있었다. 초현실적인 이미지에 잠시 말을 잃었다. 차에서 내린 후 조금 걸어 교회로 올라갔다. 사방이 대칭을 이루는 십자가형의 자그마한 석조 건물에 므츠헤타 방문 이후 눈에 익은 건축 양식이었다. 현재의 교회 건물은 14세기에 건축한 것이다. 교회 건물 바로 옆의 종탑 역시 14세기에 지은 유서 깊은 유물이다. 교회 벽 구석구석에는 갈색 이끼가 끼어 있었다. 소박한 내부에는 촛불을 켜두고 잔잔한 성가가 울려 퍼지는 경건한 분위기여서 나도 모르게 숨을

∧ 게르게티 츠민다 사메바 교회. 한 청년이 힘겹게 산을 올라온 후 교회 부근의 바위 위에 앉아 책을 읽고 있다.

죽이고 옷깃을 가다듬게 되었다.

교회를 나와 주변을 둘러보았다. 구름이 산허리에 걸렸는데, 마치 구름의 바다를 내려다보는 듯했다. 저 멀리 산 아래로 스테판츠민다 마을이 개미처럼 보였다. 풀밭을 따라서 천천히 걸음을 옮기다 보니 산길을 걸어 올라온 유럽 여행자의 모습이 다가왔다. 검은색 등산복 차림의 이 청년은 배낭에서 책을 꺼내더니 바위에 걸터앉아 읽기 시작했다. 고원의 초록색 평지가 끝나는 곳에 카즈베기산이 구름으로 몸을 감싼 채 거대한 장벽처럼 눈앞을 가로막고 있었다.

산행에서 돌아오니 한적한 산촌에서는 딱히 할 일이 없었

∧ 눈 덮인 카즈베기산을 배경으로 2,200미터 산 위에 게르게티 츠민다 사메바 교회가 걸터앉아 있다.

다. 유명 관광지이긴 하나 식당도 여흥 거리도 거의 없다. 하룻밤 머물던 민박집에서 주인아주머니가 차려 준 조지아식 시골 밥상을 마주했다. 미처 언급하지 못했는데, 조지아는 음식으로도 유명하다. 한적한 산촌에서 잠시나마 눈과 혀끝이 호강을 누렸다.

　다음날 일어나 트빌리시행 교통편을 알아보니 예상보다 일찍 출발하는 버스가 하나 있었다. 이 차를 놓치면 두어 시간을 더 기다려야 하는지라 서둘러 짐을 챙겨 버스가 주차된 곳으로 나갔다. 줄을 서서 차례를 기다렸는데 바로 내 앞에서 인원이 다 차버렸다. 낙담해서 돌아서는데 흐렸던 하늘에 갑자기 구름이 걷히더니 화창한 햇살이 비치기 시작했다. 그리고는 조금 전까지 회색 구름과 안개에 가려져 있던 카즈베기산이 푸른 하늘을 배경으로 갑자기 장엄한 모습을 드러냈다. 하얀 만년설이 덮인 카즈베기산을 배경으로 그 앞의 2,200미터 산 정상에 게르게티 츠민다 사메바 교회가 아름다운 모습으로 능선 위에 걸터앉아 있었다. 버스를 제때 탔더라면 결코 보지 못했을 광경이었다. 환상적인 풍경에 넋을 놓고 바라보고 있는데, 잠시 후 카즈베기산은 다시 구름 속으로 모습을 감추어 버렸다. 쉽게 드러내지 않아 더 신비롭게 느껴졌다.

트빌리시로 돌아오는 길은 갈 때보다 훨씬 짧게 느껴졌고 감흥 역시 누그러졌다. 하지만 짧은 시간에 받은 체험은 강렬했다. 강과 산, 계곡 등 아름다운 자연뿐 아니라 고대 신화의 산과 교회, 중세 조지아의 성, 러시아의 역사적 자취까지 이 도로에서 조지아의 다양한 모습을 모두 압축해 경험했다.

카즈베기를 다녀온 얼마 후인 2018년 말 산 정상까지 포장도로가 개통되었다는 소식을 들었다. 길은 편리해졌겠지만, 신성한 분위기는 흐려지지 않을까 걱정도 되었다. 조금 일찍 간 덕분에 아직 때 묻지 않은 카즈베기산과 게르게티 츠민다 사메바 교회의 신성하고 경건한 분위기를 체험할 수 있었던 것은 큰 행운이었다.

소비에트와 스탈린의 기억: 고리

"술리코Suliko"라는 조지아 민요가 있다. 조지아에 관해 이것 저것 찾아보다가 우연히 알게 되었는데, 죽은 애인의 무덤에서 사랑을 고백하는 구슬프고 아름다운 내용으로 되어 있다. 가사는 조지아어라서 이해할 수 없었지만 단순하면서도 감미로운 선율은 계속 머릿속을 맴돌았다. 덥수룩한 수염에 큰 덩치에 마치 산적처럼 우락부락하게 생긴 남자들이 무반주 중창으로 부르는 애달픈 노래에 빠져들곤 했다. 조지아의 "술리코"는 한국의 아리랑 같은 곡이라고 한다. 마치 중세 교회 성가를 연상시켜서 종교 음악에서 파생된 것이 아닌가 생각했는데, 교회 음악이 민속 음악으로 퍼진 게 아니라 그 반대란다.

이 노래는 스탈린의 애창곡이었다고 한다. 스탈린은 흥이 돋으면 베리야의 피아노 반주에 맞춰 이 곡을 구성지게 부르곤 했다. 스탈린과 베리야 모두 조지아 출신으로 고향의 노래를 좋아했다는 것은 어쩌면 자연스러운 일이다. 하지만 두 사람의 악명 높은 행적을 감안하면 뜻밖이기도 하다.

스탈린은 젊은 시절과 이후의 삶이 판이한 인물이다. 19세기 말 조지아에서는 일부 청년들이 민족주의 지향의 새로운 문화 운동을 주도했다. 이 중 문학 지망생이던 이오시프 주가슈빌리라는 인물이 있었다. 그가 바로 스탈린으로 개명하고 소련의 절대 권력자가 된 바로 그 인물이다. 베리야는 스탈린의 수족으로 1930년대 이후 소련 전역에서 피비린내 나는 숙청을 실행한다. 조지아는 소련 시절 역사상 가장 큰 악명을 떨치며 막강한 권력을 휘두른 인물을 두 명이나 배출한 것이다.

스탈린의 애창곡 이야기는 인간에게 존재하는 양면성을 보여 준다. 주가슈빌리는 청년기의 이름을 버리고 '강철'을 뜻하는 스탈린이라는 이미지로 애써 포장했지만, 그 역시 내면에는 조지아 청년의 감수성이 남아 있지 않았을까. 야망을 좇아 소련 중앙 무대로 진출해 자기 뜻대로 새로운 제국을 건설했지만, 그 역시 조지아인으로서 보낸 청년기의 감정을 지울 수는 없었을 것이다. 조지아 문학청년 주가슈빌리의 행적이 궁금해져 스탈린의 고향 고리로 가기로 했다.

아침에 일어나니 청명한 아침 공기와 햇살이 나를 맞이했다. 지하철역 디두베 부근의 버스 터미널로 이동했다. 말이 터미널이지 시장 부근의 비포장 공터에 낡은 미니버스가 무질서하게 서 있는 간이 주차장 같았다. 차장의 호객 소리가 여기저기 들렸다. 공터 주변에는 허름한 가게들이 있었고, 노점상은 슬라브권에서 흔히 마시는 보리 음료 크바스를 팔고 있었다. 눈치껏 고리행 미니버스를 찾아서 차에 올랐다. 6명이 타는 미니버스였는데, 사람이 다 차고 난 후에야 출발했다. 정작 고리는 한 시간이 채 걸리지 않는 가까운 거리였다.

∧ 트빌리시 시외버스 터미널 들어가는 길목에는 시장이 있다.
＞ 버스 터미널의 크바스 노점. 크바스는 보리를 빚어서 만든 음료로서 슬라브 지역 전역에서 흔히 접할 수 있다.

고리는 트빌리시에서 서쪽으로 80킬로미터 정도 떨어진 므트크바리강과 리아흐비강이 만나는 지점에 있다. 인구가 4만 8,000명 정도로 조지아에서는 나름대로 규모 있고 중요한 도시이지만 시가지는 한적한 시골 읍내 분위기에 가까울 정도로 소박했다. 안내소에 잠시 들러 스탈린 박물관Stalin Museum 가는 길을 알아본 후 도시 탐색에 나섰다. 걷다 보니 작은 성당 건물이 나타났고 그 위 언덕 높이 성벽으로 둘러싸인 요새가 보였다. 성벽은 언덕 경사지의 자연 지형을 따라 불규칙하게 들어서 있었다. 원래 강까지 성벽이 이어져 있었다고 하는데, 지금은 지형 변화로 육지 한복판에 자리 잡고 있다. 성벽 주변에는 해자가 에워싸고 있었으나, 지금은 남아 있지 않다. 여러 차례 파괴와 개축, 재건을 거쳤는데, 지금 남은 성채는 대체로 18세기 말에 쌓은 것이다. 요새는 1920년에 일어난 지진으로 크게 훼손되었다.

고리는 조지아의 동서부를 잇는 교통 요지에 위치해 중세 시절부터 중요한 군사적 거점 구실을 했다. 고리 요새라는 이름은 13세기 기록에 처음 나오지만 요새의 흔적은 훨씬 이전으로 거슬러 올라간다. 이러한 요충지의 고지대에 요새를 구축해서 도시를 방어하려는 시도는 일찍부터 시작된 셈이다. 고리라는 도시 이름도 조지아어로 언덕을 뜻하는 '고라gora'에서 유래했다. 도시의 스카이라인을 지배하는 이 요새는 오랫동안 도시의 중심이었다.

< 고리 요새는 시가지 위 언덕 능선을 따라서 도시를 굽어보고 있다.

∧ 고리 요새의 성벽이 나지막한 언덕 능선을 따라 주변 지역을 에워싸고 있다.
∨ 1920년대에 지진으로 파괴된 후 소련 시절에 재건된 고리 시가지는 이제는 공동화
된 산업 도시 분위기를 강하게 풍긴다.

∧ 우플리츠케 선사 유적은 원시 시대부터 이 지역이 사람들이 살던 요충지였음을 보여 주는 증거다.

고리는 이러한 전략적 위치 때문에 여러 차례 주변 열강의 침략을 받았고, 조지아 내부의 세력들도 이 땅을 놓고 각축을 벌였다. 16세기에는 오스만, 17~18세기에는 페르시아, 오스만, 조지아 등으로 여러 차례 주인이 바뀌었다. 2008년 조지아의 자치구인 남오세티아를 둘러싸고 군사적 충돌이 벌어졌을 때는 러시아군이 이 도시를 10일 동안 점령했다. 고리 인근에 있는 고대 동굴 도시 우플리츠케 역시 선사 시대부터 이 지역이 다양한 세력의 교차점에 있었다는 사실을 말 없이 보여 준다.

도심을 걸으면서 왠지 황량할 정도로 휑해 활기가 없다는 느낌을 받았다. 도시의 역사는 오래되었지만 1920년 대지진의 여파로 고리는 완전히 소련식으로 재건되었고 주로 산업 중심지로서 역할을 했다. 소련 붕괴 후에는 경제적으로 몰락해 인구 유출이 심각한 수준이었다고 하니 쇠락한 산업 도시 느낌이 나는 것이 당연하다. 러시아의 침공 후 고리에는 한동안 난민촌이 줄지어 있었다고 한다.

고리 요새를 지나 허름한 주택가 도로를 따라 조금 더 걸어가니 스탈린 박물관이 나왔다. 초기 냉전 시대를 연상시키는 이 박물관은 현재 스탈린을 기념하는 전 세계 유일한 박물관이다. 한때 사회주의 체제였던 국가에서도 고리는 스탈린 기념물이 남아 있는 극소수 도시 중 하나다. 1953년 스탈린이 사망한 후 소련에서는 대대적인 격하 운동이 벌어졌다. 1956년 소련 공산당 서기장인 니키타 흐루쇼프Nikita Khrushchev가 제20차 전당대회에서 스탈린의 악행을 비난하는 일장 연설을 한 후 소련뿐 아니라 동구권 국가들은 앞다투어 스탈린의 이름이나 기념비, 조각상 등 그의 흔적을 지웠다. 2차 세계 대전의 격전지이던 스탈린그라드는 볼고그라드로 바뀌었고, 불가리아의 스탈린시는 바르나로, 폴란드의 스탈리노그루트는 카토비체로, 타지키스탄의 수도 스탈리나바드는 두샨베로 이름을 변경했다. 크렘린에 레닌과 나란히 묻혀 있던 그의 시신은 지하로 옮겨지고, 동구권 전역에서 그의 조각상과 기념물은 파괴되었다.

하지만 고리에는 스탈린을 기념하는 박물관과 그의 이름

∧ 스탈린 박물관은 1950년대에 스탈린이라는 절대 권력자를 위한 기념관으로 건설되었다. 지금은 세계에서 유일한 스탈린 박물관이다.

을 딴 공원이 남아 있고, 시청과 박물관, 므트크바리강의 다리를 잇는 중앙대로는 스탈린 거리로 불린다. 웅장한 시청 건물 앞 중앙 광장은 여전히 스탈린 광장이란 이름을 유지하고 있다. 스탈린 격하 후에도, 심지어 소련에서 독립한 후에도 이 광장에 거대한 동상이 버티고 있었다는 사실에서 스탈린이라는 인물의 존재감을 엿볼 수 있다.

스탈린에 대한 조지아인의 태도는 다소 복합적이다. 스탈린 치하에서 피의 숙청을 거치면서 수많은 사람이 희생됐고 2008년에는 러시아와 전쟁까지 겪은 상황에서, 비록 조지아 출신이긴 해도 소련 시절의 인물에 대한 향수가 남아 있다는 것은 의외다. 조지아 독립의 움직임이 본격화하면서 스탈린

∧ 스탈린 박물관에는 스탈린이 사용하던 가구나 비품 등의 전시물이 다수 있다.

의 유적이 논란이 되었지만, 고리시는 시민들의 요구에 따라 박물관과 거리 이름 등 스탈린의 흔적을 남겨두었다. 2010년 고리시는 마침내 시청 앞 스탈린 광장의 동상을 철거했는데, 이때에도 시민들의 저항을 우려해 야간에 광장을 차단한 후 군사 작전을 벌이듯이 비밀리에 처리했다.

스탈린 박물관은 이제는 과거사가 되어 버린 냉전 시대의 기억을 복기해 볼 기회를 준다는 점에서 흥미로운 곳이었다. 이 박물관은 고리 방문자에게 가장 인기 있는 관광지다. 스탈린이 건재하던 1951년 사회주의 역사 박물관이라는 용도로 건축을 시작했는데, 사실은 살아 있는 절대 권력자의 숭배에 초점을 두는 아부성 사업에 가까웠다. 박물관은 1953년 스탈린이 사망하고 격하 운동이 한창이던 1957년에 완공되었다.

∧ 스탈린 박물관에는 세계 각국어로 번역된 스탈린 저작집이 전시되어 있다. 북한에서 한글판으로 낸 스탈린 선집도 보인다.

소련이 붕괴하고 조지아 독립의 움직임이 한창이던 1989년에 잠시 폐쇄되었으나 곧 운영이 재개되었다. 러시아가 침공한 후에는 이 박물관을 러시아 침략 역사 박물관으로 개조한다는 계획을 발표했지만, 2012년 박물관 훼손을 반대하는 고리 시의회의 결의로 흐지부지된 듯하다.

스탈린 박물관은 유물 전시관과 그의 생가로 이루어져 있다. 2층으로 된 박물관 건물은 스탈린주의 양식, 혹은 사회주의 고전주의 양식으로 지었다. 입구로 들어가니 소련군 군관 복장을 한 푸른 눈의 젊은 여성이 입장권을 판매했다. 옆에는 스탈린의 얼굴을 새긴 관광객용 기념품을 팔았다. 냉전 시절 소련에 대한 공포와 증오를 주입당하며 젊은 날을 보낸 사람으로서 참으로 묘한 느낌이 들었다.

전시물은 스탈린의 어린 시절부터 조지아 공산당 활동기, 러시아 혁명기와 2차 세계 대전, 전후와 사망에 이르기까지 주로 연대순으로 구성되어 있었다. 특히 스탈린의 개인 소지물이 흥미로웠다. 그가 사용한 사무실 가구, 군복, 안경이나 담배 파이프 등 개인 물품, 각국 지도자에게서 받은 선물, 스탈린의 조각상 등이 주된 전시물이다. 러시아어로 된 스탈린 관련 문서, 사진, 신문 기사도 있었다. 스탈린의 저작을 각 나라말로 번역한 책도 수집되어 있는데, 북한에서 발행된 한글판도 눈에 띄었다. 전시실 마지막에는 그가 사망한 후 찍어낸 데스마스크 12개 중 하나가 유리장 너머로 을씨년스럽게 허공을 응시하고 있었다.

전반적인 느낌은 역사 박물관이라기보다는 스탈린 개인에 대한 숭배성 추모관 냄새가 물씬 났다. 하지만 소련 붕괴와 이후 러시아-조지아 간의 불편한 관계를 반영한 듯 최근의 전시물은 대숙청, 강제 노동, 히틀러와 스탈린 간의 비밀 협정 등 그의 부정적 측면도 함께 보여 주는 쪽으로 성격이 다소 바뀌었다. 레닌은 생전에 스탈린을 매우 싫어해서 그를 소련 공산당 중앙위원직에서 해임해야 한다고 언급했는데, 바로 그 발언을 담은 문서도 전시되어 있다.

전시관에서 박물관 마당으로 나오면 그리스-이탈리아풍 석조 지붕 아래에 보존된 스탈린의 생가가 있다. 나무와 흙벽돌로 엉성하게 쌓은 허름한 시골집으로, 방이 단 두 개인 작

∧ 이 초라한 시골집은 스탈린이 태어나서 네 살 때까지 살던 곳이다. 건물 보호를 위해 그리스-이탈리아풍의 석조 건물이 생가 위를 덮고 있다.

은 건물이다. 스탈린은 이 집 단칸방에서 가족과 함께 살았고, 지하에는 부친이 일하던 구둣방이 있었다. 스탈린은 이 집에서 태어나 네 살 때까지 살았다. 이 가옥 주변은 허름한 집이 늘어선 가난한 동네였는데, 지금은 넓은 광장과 공원 한가운데 생가와 박물관 건물만 덩그러니 남아 있다. 스탈린이 절대 권력을 휘두르던 1930년대에 '지도자'의 생가 성역화 작업의 일환으로 주변 가옥을 모두 철거했다.

생가 맞은편에는 초록색 페인트칠을 한 철도 객차가 노천에 전시되어 있다. 1941년부터 스탈린이 사용하던 객차인데, 우리에게도 친숙한 1945년 얄타회담 때도 이 객차를 타고 참석했다. 스탈린은 고소공포증이 있는지 비행기 타는 것을 기

피했다고 한다. 이 객차는 1860년대부터 1960년대까지 미국의 풀먼사에서 생산하던 차량 모델로, 두꺼운 철판을 외부에 입혀 방탄 기능도 갖추었다. 객차 내부 관람용 입장권을 별도로 샀는데, 정작 문이 잠겨 있어 들어가 보지도 못했다. 차창 틈새로 살짝 엿본 실내는 절대 권력자의 차량이라고 하기엔 아주 소박했다. 하지만 개인 욕조와 에어컨까지 갖추고 있어 당시에는 최고급 시설이었다고 한다.

관람을 마치고 나서 남쪽을 보니 넓은 녹지대가 펼쳐져 있었다. 스탈린의 이름을 딴 공원이었다. 이처럼 스탈린의 흔적을 보존하는 것이 과거의 역사에 대한 애증 어린 기억인지, 아니면 관광객을 유인하기 위한 상업적 전략인지는 알 수 없었다. 조지아의 그간 상황을 보면 둘 다 맞을 것 같기도 하다.

고리 버스 터미널에서 시 근교 우플리츠케 선사 유적지로 가는 허름한 버스를 탔다. 유적은 인적 드문 황량한 언덕 기슭에 있었다. 선사 유적지를 둘러보고 돌아올 무렵 비가 쏟아졌다. 트빌리시 시내로 들어오는 길은 잠깐 동안의 비에 온통 흙탕물이 넘쳐 나 엉망이었다. 한편으로는 역사를 새로 쓰고 유리와 강철 마천루를 야심 차게 올리고 있지만, 다른 한편에는 남루한 주택과 낙후한 기반 시설로 여전히 고통을 겪는 소시민의 일상이 대비를 이루었다. 이곳을 다시 방문할 때쯤이면 조지아는 몰라보게 달라져 있을 것이다. 유럽화의 와중에 조지아의 아름다운 모습과 순박한 사람들의 미소는

< 스탈린은 비행기 타는 것을 싫어해 늘 이 기차를 타고 다녔다. 1945년 얄타회담에도 이 객차를 타고 참석했다.

잃지 않기를 바란다.

조지아에서는 머문 기간이 짧아 일부 지역만 둘러보았다. 작은 땅에도 다채로운 볼거리와 체험 거리가 있었고, 신화와 역사, 음식과 음악, 사람 등이 모두 조지아 여행을 풍부하게 해주는 주제였다. 조지아는 하나하나 음미하면서 다녀볼 만한 매력적인 여행지다. 세계 각지를 여행하다 보면 대개 시간이 지날수록 방문지에 대한 기억이 서로 뒤섞여 희미해진다. 그래도 그중에는 크고 강렬한 그림처럼 선명히 남아 꼭 다시 오고 싶은 데가 간혹 있는데, 조지아가 바로 그런 곳이다.

2

유럽의 꿈, 키이우

우크라이나 I

동굴 수도원 상부 구역에 서면 멀리 드니프로강을 배경으로 성당 지붕 위의 황금빛 돔이 빛나는 그림 같은 풍광을 목격할 수 있다.

성 안드레아 비탈길은 무명 화가의 그림이나 기념품을 파는 노점
상이 늘어서 있어 키이우의 몽마르트르 같은 분위기를 풍긴다.

여행을 다니기 시작하면서 새로 생긴 버릇이 하나 있다. 틈날 때마다 거실 바닥에 커다란 세계 지도를 펴놓고 아직 가보지 못한 나라를 여행하는 꿈을 꾸는 것이다. 특히 일에 찌들거나 일상이 답답해질 무렵이 되면 미지의 세계를 여행하는 상상의 나래를 펴다가 아예 구체적인 여행 일정과 항공편까지 짜 보곤 했다. 물론 이 중 실제 여행으로 실현되는 사례는 소수이고 대다수는 종이 위 계획으로만 남았다. 지도를 펴놓고 보면 역시 가장 많이 가본 대륙은 유럽인데, 여기서 러시아 다음으로 눈에 띄는 나라가 바로 우크라이나였다.

하지만 여행을 결심한 당시만 해도 우크라이나는 유럽이라는 단어로 좀처럼 연상되지 않는 미지의 여행지였다. 간혹 올림픽이나 A매치 축구 경기 상대로나 나올 뿐 관심 밖 존재였다. 그런데 2014년 우크라이나는 갑자기 외신을 온통 장식하면서 유명 국가로 등극했다. 우크라이나가 러시아의 지원을 받은 분리주의 세력과 내전에 들어간 가운데 러시아가 우크라이나 영토인 크림반도를 병합했다. 이 사건은 그로부터 10년 전에 일어난 '오렌지 혁명'의 기억까지 소환했다. 우크라

이나는 유럽 국가로서는 드물게 내전과 시위, 전쟁 뉴스의 주
인공이었으니 여전히 여행지로서는 망설여지는 곳이었다.

잘 알지 못하거나 계획에 없던 나라를 방문하게 되는 계
기는 종종 우연한 사건에서 생긴다. 지도상의 상상 여행으로
만족하고 있을 무렵, 어느 중국 항공사가 바르샤바 취항 기념
으로 저가 항공권을 풀었다는 소식을 들었다. 유럽 전 지역
을 후보지로 놓고 일정을 이리저리 끼워 맞춰 본 결과 39만
원짜리 초저가 항공권을 발권하는 데 성공했다. 바르샤바 왕
복 항공권이었는데, 6월 말~7월의 성수기에 횡재를 한 셈이
다. 출입국 날짜를 정해 놓고 여행 일정을 짜다 보니 우크라
이나를 선택하게 됐다.

우크라이나는 유럽이면서도 미지의 나라였다. 여행은 때
로는 오래 꿈꾸면서 알게 된 지식을 실제로 확인하는 기회이
면서, 때로는 예상치 못한 새 경험과 맞닥뜨리는 시행착오의
과정이었다. 유명 관광지는 대개 예상에서 한치도 벗어나지
않거나 기대에 못 미쳐 오히려 실망스러운 경험이 되기도 했
다. 이 둘이 적절하게 뒤섞일 때 가장 만족스러운 여행이었던
것 같다. 돌이켜보면 우크라이나 여행은 이 점에서 성공적이
었다.

첫인상

폴란드 서부의 브로츠와프라는 작은 도시에서 키이우로 가는 항공편에 몸을 실었다. 저가 항공에만 있는 특이한 노선인 셈인데, 이번 여행에서는 비용도 절약하고 일정과도 잘 맞아 내게는 큰 행운이었다. 하지만 출발 전부터 예감은 좋지 않았다. 비행기 출발은 지연되었고 비행 내내 터뷸런스로 공포에 시달렸다. 비행기는 조금 늦은 시간에 키이우의 리아니 공항에 착륙했다. 국제공항이라고는 하나 저가 항공편이 주로 취항하는 이렇다 할 만한 특징이 없는 작은 공항이었다. 늘 그렇듯이 약간 긴장된 상태로 입국 수속대 앞에 줄을 섰는데 무표정한 얼굴의 직원들이 입국자들을 맞이했다. 내전 중인 나라여서 그런지 직원들이 모두 군복 차림이었다. 직원은 별다른 질문도 없이 여권에 입국 도장을 쾅 찍어 주었다.

청사 바깥으로 나와 키이우 도심으로 가는 시내버스를 탔다. 폴란드 여행에서도 느낀 바이지만 이전에 사회주의였던 국가에서는 대개 대중교통이 편리하고 저렴했다. 하지만 에어컨도 없는 7월의 고물 버스 안은 더웠다. 시내로 향하는 버스 안에서 창밖을 내다보니 거리는 우중충하고 허름했다. 사각형 박스처럼 단조롭고 생기 없는 회색빛의 낡은 콘크리트 건물들이 지나갔다. 창밖의 풍경은 이전에 방문한 구 사회주의 국가의 도시들에서 본 광경과 겹쳐지면서, 구소련의 중심 도시에 왔다는 사실이 실감이 났다.

기사에게 중앙역에서 내려달라고 했다. 만약을 위해 중앙
역을 뜻하는 '바크잘 센트랄나'라는 러시아어를 종이에 적어
놓고 여러 차례 반복했다. 버스에서 내려 역 주변의 샛길로
접어드니 거리가 지저분하기 짝이 없어 눈살을 찌푸렸다. 유
럽이 아니라 다시 제3 세계로 온 듯한 느낌이어서 다소 실망
스러웠다. 그러나 잠시 후 대로변으로 나오자 예상치 못한 광
경에 눈을 의심했다. 유럽 대도시에서 보던 웅장한 고전주의
풍의 건물이 줄지어 서 있고 널찍한 인도에는 도회적 차림의
젊은이들이 바삐 지나다니고 있었다. 도로 건너편에는 작가
타라스 셰브첸코Taras Shevchenko의 이름을 딴 국립 오페라 극
장이 있었는데, 유럽 어디에다 내놔도 손색이 없는 멋진 건축
이었다. 거리를 훑어보면서 마치 SF 영화 장면처럼 제3 세계
뒷골목에서 유럽 도시 한복판으로 순식간에 공간 이동한 것
같은 착각이 들었다.

숙소를 찾아가는 일은 쉽지 않았다. 지도에 나온 대로 오
페라 극장 주변에 도착해 주소 쪽지만 들고 여기저기 기웃거
렸으나 예약해 둔 숙소를 좀처럼 찾을 수 없었다. 드문드문 지
나가는 사람들에게 말을 건넸으나 번번이 고개를 젓는다. 마
침 운 좋게 영어를 구사하는 친절한 청년을 만나 도움을 청했
다. 이 청년은 주소 메모를 들여다보더니 고개를 갸우뚱한다.
의문은 곧 풀렸다. 호텔 예약 사이트에는 호텔이라는 이름으

로 적혀 있었으나 이름만 호텔일 뿐 고층 빌딩 일부를 확보해 투숙객에게 임대하는 레지던스 스타일의 업소였다. 건물 밖에는 간판조차 없었으니 찾기 힘든 것은 당연했다.

엘리베이터를 타고 건물 중간쯤으로 올라가니 리셉션이 나왔다. 들어올 때 보니 개성 없는 콘크리트 박스 모양의 건물은 세월의 흔적이 역력했다. 아마 사회주의 시절에는 공동주택이었겠지만, 지금은 이리저리 민간에 분할 매각되어 상업 시설로 용도가 바뀐 듯했다. 프런트를 담당하는 풍채 좋은 중년의 아주머니는 영어는 한마디도 하지 못했다. 알아듣는 사람 없이 서로 일방적으로 떠드는 코미디 같은 상황이 잠시 계속되다가 곧 포기하곤 말았다. 빠르게 쏟아내는 러시아어를 한 귀로 흘려들으며 건성으로 고개만 끄덕였다. 딱히 새로 알아내야 할 중요한 정보가 있는 상황도 아니니 말이 통하지 않는다고 해서 큰 문제는 없었다.

객실은 예약 사이트에서 보던 모습과는 좀 달랐다. 부엌이 딸린 방이라고 알고 있었는데, 불을 사용할 수 없어 부엌은 무용지물이었다. 한바탕 소동 끝에 짐을 풀고 나니 맥이 탁 풀렸다. 창밖으로는 허름하고 개성이 없는 시가지가 내려다보였다. 주택가임에 분명한데 마치 서울 을지로 부근의 숙소에서 묵었을 때 뒷골목 쪽으로 내려다보이던 어수선한 철물점 거리가 연상되었다. 소련 시절 우크라이나 소비에트 사회주의 공화국의 수도이던 키이우에 도착했다는 사실이 실감이 났다. 키이

< 타라스 셰브첸코 국립 오페라 극장에는 우크라이나인이 가장 사랑하는 작가 타라스 셰브첸코의 이름이 붙었다.

우에서 보낼 시간이 벌써 은근히 불안했지만, 마치 밭에서 종일 일하고 돌아온 농부처럼 피곤해서 쓰러져 갔다.

슬라브의 정신적 뿌리

이튿날 키이우 시내 투어는 황금 성문으로 시작되었다. 숙소 위치 때문에 동선이 그렇게 된 것뿐인데, 우연하게도 우크라이나 문화 역사 투어에 적합한 상징적 장소를 출발점으로 고른 셈이다. 숙소가 있는 볼로디미르스카 거리에서 한 블록도 채 안 되는 가까운 곳에 붉은 벽돌로 쌓다가 만 건물 비슷한 데가 나오는데 이 볼품없는 유적이 바로 '황금 성문Golden Gate'이다. 입구를 중심으로 앞뒤 두 면은 붉은 벽돌로 쌓아 올렸고 원래 성벽이 있던 좌우의 두 면은 목재로 마감한 상태로, 공터 한가운데 외딴 섬처럼 서 있었다. 이 건물 아닌 건물이 11세기에 쌓은 성채의 일부라니 더더구나 믿기지 않았다.

이 유적은 중세 시절 동슬라브 지역에 존재하던 키예프 루스Kievan Rus 공국의 수도 키이우의 구시가지를 둘러싸고 있던 성벽의 일부였다. 처음에는 여러 출입문 중 하나로서 남문으로만 불렸으나 점차 키이우 대성문으로 알려졌다. 특히 성문 바로 옆에 블라호비스트 성당(수태고지 성당)이 들어선 후에는 성당의 금빛 돔은 도시 바깥 멀리서도 눈에 띄는 랜드마크 역할을 하게 된다. 이 때문에 키이우 대성문은 점차 키

> 황금 성문은 우크라이나의 원조인 키예프 루스의 황금기를 상징하는 유적이다.

이우 황금 성문으로 불리면서 도시의 상징으로 통했다. 이 성문은 1240년 몽골 바투 칸의 군대가 침공하면서 파손되었지만, 이후에도 오랫동안 성문 역할을 계속했다.

외부인에게는 좀 허접해 보이는 이 성문은 사실 오리지널이 아니고 원래 모습도 알려지지 않았다. 이 건축물은 비잔틴 제국의 수도 콘스탄티노플에 있던 황금 성문을 본떠 지었다고 하는데, 중세 시절에 무너져 원래 흔적은 거의 남아 있지 않다. 그런데도 소비에트 시절인 1982년 성문의 이전 모습을 추정 복원해 당시에도 큰 논란이 되었다. 이 볼품없는 성문은 복원보다는 신축에 가까운 '짝퉁' 유적이긴 하나, 우크라이나인에게는 자부심의 상징이자 역사적으로 큰 의미가 있는 곳이다. 지금은 황금빛 돔을 잃어 쇠락한 황금 성문은 전성기 동슬라브 민족 국가의 빛나는 기억을 환기하는 산 증인이다. 이 성문은 현지어로 '졸로티 보로타Zoloti Vorota'라 불리는데 그 역사적 상징성에 걸맞게 인근의 극장뿐 아니라 지하철역 이름으로도 붙어 있다.

성벽 앞에는 전성기 키예프 루스의 왕으로서 이 성을 건설한 현인 야로슬라프 대공의 동상이 서 있다. 여기서 흥미로운 부분은 키예프 루스의 왕을 지칭하는 호칭이다. 키예프 루스는 동슬라브 전역을 아우르는 최초의 대국이었지만 중앙 집권 지배 체제를 갖춘 국가는 아니었다. 키예프 루스는 공국이라고 불리던 지역 단위의 지배 세력을 느슨하게 묶은 연합 국가에 가까웠고, 키예프 루스의 지배자는 '왕'이나 '황제'가 아니라 '대공'이라고 불렸다. 그렇지만 중세 왕처럼 각자 영토에다 딴 살림을 차린 귀족 영주들 위에 군림하는 존재였으니 그냥 왕으로 보아도 무방할 듯하다.

어쨌든 이처럼 다소 무리하게 이 성문을 복원한 데는 나름대로 이유가 있다. 러시아, 벨라루스, 우크라이나는 모두 국가의 기원을 키예프 루스에서 찾는다. 9세기 말 동슬라브 지역에 할거하던 수많은 부족이 지금의 스칸디나비아 지역 출신의 류리크를 추대하여 공국 형태의 나라를 세우면서 키예프 루스가 탄생한다. 동슬라브에서 처음 탄생한 국가였다. 현재의 러시아라는 나라 이름도 바로 이 루스에서 기원한다. 언어학자들에 따르면 루스라는 이름은 고대 스칸디나비아에서 '노 젓는 사람'을 뜻하는 단어 rods—에서 유래했다고 한다. 고대 핀란드어에서 스웨덴을 지칭하는 루오치Ruotsi, 에스토니아에서 루치Rootsi와 같은 뿌리에서 나온 이름이다. 그러니까 키예프 루스의 류리크 왕족은 바이킹과 사촌쯤 되는 셈인데, 토착 슬라브 부족의 왕으로 영입, 추대된 것이다. 전성기의 키예프 루스는 지금의 폴란드, 러시아 서부, 우크라이나, 벨라루스 등에 걸친 넓은 지역을 지배하였다. 12세기에는 국력이 쇠퇴해 12개의 공국으로 분열된 명목상의 국가로 존재하다가 1240년 몽골 침략으로 사실상 멸망하고 만다.

러시아와 벨라루스, 우크라이나는 민족의 뿌리로 보나,

언어 계열로 보나 동슬라브족의 갈래로서 역사적으로 형제
국이나 다름없다. 하지만 키예프 루스는 넓은 동슬라브 지역
을 아우르는 왕국이자 세 나라의 기원에 해당하니 이 공국
을 역사적으로 계승한 나라는 슬라브의 종주국을 자처할 만
하다. 이 동슬라브 원조 국가의 전성기가 야로슬라프왕 재위
기간이었고 수도가 키이우에 있었으니 황금 성문은 동슬라
브 전체 민족에게, 특히 러시아와 갈등을 빚고 있는 우크라
이나인에게는 역사적으로 의미 있는 유적이다. 황금 성문은
우크라이나인에게는 마치 한국인이 광개토대왕 시절에 대해
느끼는 자부심만큼 의미가 있는 유적이다.

황금 성문에서 대로를 따라 조금 더 구시가 쪽으로 걸어
가니 탁 트인 광장이 나오고, 정교회 성당 위로 황금빛의 양
파형 돔(슬라브권에서는 이를 '꾸뽈'이라고 부른다)이 푸른 하늘을 배
경으로 빛나고 있었다. 바로 키이우의 상징처럼 된 성 소피
아 성당St. Sophia Cathedral이다. 오전의 화창한 날씨에 푸른 하
늘을 배경으로 그림처럼 서 있는 파스텔톤 성당 건물은 마치
천국의 모습을 재현한 듯 아름다웠다. 특히 서유럽 성당처럼
뜨내기 관광객으로 붐비지 않고 조용하고 한가한 분위기는
성당이라는 이름에 딱 어울리는 고즈넉한 풍경이었다. 중세
인들에게 성당이란 천국의 모습과 느낌을 지상에 구현한 존
재로 단지 건축물 이상의 것이었다. 누추하고 작은 집에서 고
달픈 삶을 영위하던 대다수의 중세 사람들에게 웅장하고 화

∧ 성 소피아 성당 입구 종탑. 성 소피아 성당은 키예프 루스 시절이던 11세기 초반 콘스탄티노플의 성 소피아 성당을 본 떠 지은 것이다.

려하면서 엄숙한 성당은 다가가기 전 멀리서부터 방문자의 옷깃을 여미게 하는 신성한 광경이었을 것이다.

동유럽 성당으로는 드물게 특정한 성인이 아니라 신성한 지혜를 의미하는 소피아를 기념해 붙인 이 성당의 이름은 어딘가 낯이 익었다. 동로마 제국의 수도 콘스탄티노플(지금의 이스탄불)에 있는 성 소피아 성당을 본떠서 짓고 이름도 따왔기 때문이다. 이 성당은 야로슬라프의 부왕인 블라디미르 대공(980~1015)의 재위 시기이던 1011년에 건설을 시작해 약 20년

후 야로슬라프왕 재위기에 완공되었다. 이 비잔틴 양식의 성당에는 키예프 루스 최초의 학교와 도서관도 들어서 동슬라브 지역에서 명실상부한 종교적, 문화적 중심지 구실을 했다.

키이우의 성당에 성 소피아 성당이라는 이름을 붙인 데는 종교적 차원을 넘어 복합적인 맥락이 작용했다. 키예프 루스에 기독교를 도입하고 국교화한 사람은 블라디미르 대공이다. 988년 세례를 받은 블라디미르는 키예프 루스의 모든 주민에게도 토착 신앙을 버리고 기독교를 받아들이도록 했다. 그리고는 재위 기간 중 성 소피아 성당을 짓기 시작했다.

키예프 루스가 기독교 교회 중에서도 동방 정교회를 수용하게 되는 과정과 관련해 흥미로운 이야기가 전해진다. 블라디미르는 국교를 정하기 전 각국에 사신을 보내 여러 종교를 답사했다고 한다. 이 중 이슬람은 술을 금한다는 점 때문에 고려 대상에서 배제했다. 유대교는 신이 선택된 백성에게 오랫동안 나라조차 잃고 유랑하게 했다는 점 때문에, 가톨릭은 미사 절차가 지루하다는 점 때문에 역시 후보에서 탈락했다. 마침내 사신단은 콘스탄티노플에 이르렀는데, 하기아 소피아Hagia Sophia 성당의 건축과 미사 의례의 아름다움에 반해 정교회로 마음을 정했다는 것이다.

하지만 이 이야기는 어디까지나 호사가들이 각색한 이야기일 것이다. 한 나라의 국교를 정하는 중대한 결정을 그런 감정적 이유로 내렸을 리는 없다. 키예프 루스가 토착 신앙을

< 성 소피아 성당은 외관은 우크라이나 바로크 양식이지만 내부는 11세기 비잔틴 양식의 모자이크와 프레스코를 아직 보존하고 있다.

버리고 정교회를 수용한 데는 여러 정치적 고려 사항도 작용한 듯하다. 우선 로마의 계승국으로서 콘스탄티노플의 뛰어난 문명은 유럽 변방국에게는 선망의 대상이었다. 선진국인 동로마를 통해 신학뿐 아니라 그리스의 뛰어난 철학, 과학, 역사학 지식이 키릴 문자로 번역되어 수입되었다. 블라디미르는 정교회로 개종했을 뿐 아니라 동로마 황제 바실리우스 2세의 누이와 혼인해 강력한 정치적 동맹도 확보했다. 경제적 측면에서도 발트와 동슬라브 전역에서 드니프로(드네프르)강, 흑해를 거쳐 콘스탄티노플로 이어지는 교역로는 키예프 루스의 생명선과 같은 존재였다.

성 소피아 성당은 동로마의 강력한 동맹이자 계승자로서의 위상을 동슬라브 지역에 구현하겠다는 정치적 의지의 표현이었을 것이다. 황금 성문이 우크라이나라는 국가 신화의 정치적 상징이라면 성 소피아 성당은 그 신화의 종교적 얼굴이나 다름없었다. 우크라이나인이 이 성당에 대해 자부심과 긍지를 느끼는 데는 단지 세계적인 문화유산이라는 사실을 넘어, 동슬라브의 문화적, 정신적 뿌리라는 특별한 이유가 있다.

성 소피아 성당 입구에는 소피아 광장이 있다. 광장 한가운데에는 보흐단 흐멜니츠키Bohdan Khmelnytsky의 기마상이 용맹을 과시하면서 높은 기단 위에 서 있다. 우크라이나에서는 지폐에도 나올 정도로 유명한 인물이다. 흐멜니츠키는 17세기 우크라이나 카자크족의 지도자이자 동방 정교회

∧ 성 소피아 성당 앞 광장에는 우크라이나인들의 민족 영웅인 흐멜니츠키의 기마상이 서 있다. 멀리 도로 끝에 성 미하일 수도원이 보인다.

신자로서 폴란드-리투아니아 연합왕국, 오스만과 오랜 투쟁 끝에 우크라이나 지역의 독립을 쟁취했다. 특히 1649년 즈보리우 전투에서 폴란드군을 격파하고 독립 카자크 수장국을 세우는 데 성공했는데, 이 전투 승리는 폴란드-리투아니아 연합왕국의 몰락을 초래해 유럽의 권력 지형까지 바꿔 놓는 계기가 되었다. 물론 그는 같은 정교회 국가인 러시아와 동맹을 추구하는 바람에 우크라이나가 이후 러시아에 예속되는 단서를 마련했다는 점에서 비판도 많이 받는 논란의 인물이다. 하지만 대체로 1991년 독립한 우크라이나의 민족주의 정서를 상징하는 국가적 영웅 대접을 받는다.

성당은 하나의 건물이 아니라 높은 담장으로 둘러싸인 구역 안에 성당, 종탑, 대주교관 등 크고 작은 건물로 된 복합체로서 마치 작은 도시와 같았다. 이 구역의 중심인 성 소피아 성당은 5개의 네이브nave(회랑)와 앱스, 꼭대기에 십자가를 올린 13개의 양파형 돔으로 이루어져 있어, 멀리서 보아도 장관이다. 이 성당은 콘스탄티노플의 하기아 소피아 성당을 모방해 비잔틴 양식으로 지었다고 하는데, 17~18세기에 개축하면서 원래 건축 양식의 골격에 우크라이나 바로크 양식을 가미한 복합적 양식으로 바뀌었다.

성당 외부는 마치 갓 완공한 새 성당처럼 화려하게 번쩍이지만, 내부의 분위기는 완전 딴판이다. 성당 실내로 들어가면 11세기 비잔틴 양식의 황금빛 모자이크와 프레스코가 많이 남아 있어 아주 오랜 성당이라는 사실을 절감할 수 있다. 이 중에서도 반원형 돔에 새겨진 6미터 높이의 '동정녀 오란타Virgin Oranta'는 특히 유명하다. 머리 주변에 광배를 두르고 두 팔을 펼친 자세를 취한 여인의 모습을 재현한 이 모자이크의 주인공은 동방 정교회의 '동정녀 마리아'에 해당한다. 이 여인상의 엄숙하면서도 정적인 자세나 옷자락 묘사는 비잔틴 예술의 영향을 강하게 보여 준다. 이 모자이크는 11세기에 성당을 처음 건립할 때부터 자리를 지켜왔기에 우크라이나에서 가장 신성한 상징이자 국민의 수호신으로 여겨진다.

성모상의 팔이 키이우를 감싸고 있는 한 도시는 결코 무너지지 않을 것이라는 전설도 있어, 이 성스러운 그림은 '불멸의 벽'으로도 불렸다.

그런데 종교적 신앙심이 강한 우크라이나에서 성소 중 성소 격인 성 소피아 성당은 현재 종교 시설이 아니라 박물관으로 관리되고 있다. 공식 사이트에서도 성 소피아 성당은 성 소피아 성당 박물관으로 표시되어 있다. 여기에는 우크라이나의 파란만장한 역사의 한 단면이 담겨 있다. 16세기 말 현재의 우크라이나 땅은 폴란드-리투아니아 연합왕국의 영토로 편입된다. 새로운 지배자는 가톨릭 국가였기에 새로 합병한 영토의 교회도 가톨릭에 편입시키려 했다. 그 결과 소속은 로마 가톨릭교회이면서도 전례 형식만 정교회 방식으로 진행하는 우크라이나 그리스 가톨릭교회가 득세하게 됐다. 이 때문에 성 소피아 성당 역시 그리스 가톨릭교회 소속으로 바뀌었다가 폴란드 지배에서 벗어난 1633년에 이르러서야 정교회 소속으로 되돌아간다. 우크라이나가 소련에 편입된 후에는 반종교 정책에 따라 성당은 종교적 기능을 상실하고 건축 역사 박물관으로 바뀐다.

1980년대 이후 소련의 종교 탄압이 느슨해지면서 우크라이나 정부는 이 성당을 다시 교회에 반환하기로 약속했지만 결국 실현되지 못했다. 정교회와 그리스 가톨릭교회가 서로 소유권을 주장하는 바람에 교회 내에서 합의를 보지 못했기

∧ 동굴 수도원에서 상부 구역으로 들어가는 문이 성문 교회다. 성문 위에 교회가 들어서 있어 삼위일체 성문 교회라고 불린다.

때문이다. 타협안으로 성 소피아 성당은 특정 교회 소속의 종교 시설이 아니라 관광객이 주로 방문하는 세속적인 박물관으로 바뀌었다.

성 소피아 성당에서 동남쪽으로 조금 더 가면 드니프로 강변을 낀 나지막한 베레스토프 언덕 위에 키이우 동굴 수도원Kyiv Pechersk Lavra이 있다. 키예프 루스가 정교회를 국교로 채택한 직후인 1051년 그리스에서 온 수도사 성 안토니우스가 이곳에 수도원을 세웠다. 말이 수도원이지 언덕 비탈에 토굴을 파서 은거하면서 기도와 공부에 전념하는 금욕적 수행의 거처였다. 하지만 점차 그를 추종하는 사람들이 모여들면서 지하 동굴은 미로처럼 늘어났다. 이에 키이우 왕실은 수도사들에게 산 전체를 기증했고, 수도사들은 콘스탄티노플에서 저명한 건축가들을 초빙해 수도원을 짓기 시작했다.

최초의 수도원은 비잔틴 양식으로 소박하게 시작했지만 그 후 긴 세월이 흐르면서 종탑과 성당, 부속 건물이 추가로 건설되어 여러 시대의 양식과 다양한 용도의 건물이 공존하는 현재의 모습이 갖추어졌다. 수도원은 크게 상부 구역과 하부 동굴 구역으로 이루어져 있는데, 지상과 지하에 모두 유서 깊은 시설이 자리하고 있다. 언덕의 정상에 해당하는 상부 구역에는 황금색 돔으로 빛나는 성당과 종탑, 박물관 등 온갖 건축물이 밀집해 있고, 그 주변을 높은 성벽이 둘러싸 마치 하나의 요새처럼 되어 있다. 그리고 언덕 비탈을 따라 하

부 구역으로 내려가면서 지하 동굴이 미로처럼 뻗어 있다.

유네스코는 키이우 동굴 수도원의 역사적 가치를 인정하여, 성 소피아 성당과 함께 묶어서 세계문화유산으로 등재했다. 하지만 이 두 종교 건축물은 지리적 위치도 서로 떨어져 있을 뿐 아니라 성격도 다르다. 한때 성 소피아 성당은 정교회 국가 키예프 루스의 종교적 중심지이면서 세속적 권력의 상징이기도 했다. 그 성당은 왕궁과 바로 붙어 있었고 왕실의 대관식과 장례식, 조약 체결과 외교 사절 접견 등 온갖 정치적 행위가 이루어지는 장소이기도 했다. 역대 왕실 인사의 묘지이기도 했다는 사실은 그리 놀랍지 않다.

반면에 동굴 수도원은 키예프 루스 시절부터 순수한 종교적, 정신적 보루 구실을 했고, 이는 지금도 변함이 없다. 이곳은 우크라이나 정부가 관리하는 문화유산인 동시에 우크라이나 정교회의 주 수도원이자 우크라이나 대교구 수장이 거처하는 곳이다. 이 수도원에서는 신심 깊은 신자들이 경건하게 참배하는 성지의 분위기를 체험할 수 있다. 현재 이곳에는 100명이 넘는 수사들이 거주하면서 수도에 전념하고 있다.

요새처럼 높은 담장이 둘러싸고 있는 수도원 구역으로 들어가는 입구는 그 자체만으로도 장관이다. 수도원 정문 구실을 하는 신성한 문 위에 교회가 들어서 있어 삼위일체 성문 교회라고 불린다. 이 교회 겸 성문은 12세기 초반 키예프 루스 시대의 건축물로서 역사적 가치가 높다. 1718년 화재 후에

< 동굴 수도원 상부 구역의 종탑은 오랫동안 키이우에서 가장 높은 종탑이었고 지금도 키이우의 스카이라인을 장식하는 명소다.

는 대대적인 개축을 거쳤고 입구 전면부와 내부 벽에 장식도 추가하고, 건물 정상에 첨탑이 달린 황금빛 돔도 얹어서 여러 시대의 양식이 융합된 모습을 하고 있다.

수도원 마당으로 들어서면 수도원의 오랜 역사를 증언하듯 아름드리 고목이 여기저기 서 있고, 마당 한가운데에는 96.5미터에 달하는 고전주의 양식의 화려한 종탑이 위용을 자랑한다. 1745년 완공될 무렵에는 키이우에서 가장 높은 종탑이었고, 지금도 키이우의 도시 스카이라인을 장식하는 명소다. 종탑에 오르는 것은 수도원 체험에서 필수 코스다. 174계단을 올라야 하기에 마음을 단단히 먹었지만 올라가는 통로가 널찍해서 생각보다 편했다. 종탑 정상에서 내려다보니 멀리 드니프로강을 배경으로 과거와 현재가 잘 어우러진 키이우의 도시 풍광이 눈앞에 펼쳐졌다.

종탑 맞은 편에는 수도원의 주 교회 건물인 성모 영면(안식) 성당Dormition Cathedral이 있다. 파스텔톤의 건물에 황금빛 돔과 십자가가 솟아 있어 고풍스러워 보이는 이 건물은 사실 2000년에 완공된 새것이다. 원래 키예프 루스 시절인 11세기에 지었으나 2차 세계 대전 때 독일군이 키이우를 점령하던 무렵 완전히 파괴되었다. 폐허 상태로 방치되어 있다가 우크라이나가 독립한 후 복원에 착수했으니 역사는 오래되었어도 거의 새 건물인 셈이다.

산 정상의 수도원 구역을 나와 동굴 수도원을 돌아볼 시

∧ 동굴 수도원의 중심 건물은 성모 영면 성당이다. 고풍스러워 보이지만 사실 2차 세계 대전 때 파괴되었다가 우크라이나 독립 후에 복원되었다.

간이 되었다. 그런데 입구를 찾기가 생각보다 어려워 잠시 이리저리 헤맸다. 갑자기 소나기까지 쏟아져 궁색하게 흠뻑 젖은 채로 화장실 지붕 밑에서 비를 피하는 신세가 되었다. 마침내 동굴 사원 구역으로 입장했는데, 생각하던 바와 많이 달라 놀랐다. 촛불을 켜 든 채 동굴 입구로 들어서자 좁고 어두운 통로가 구불구불하게 휘어지며 끝없이 이어졌다. 동굴은 겨우 한 사람이 지나다니고 거처할 만큼만 흙을 파내 마련한 누추한 공간이었는데, 수도사들은 여기서 평생 수도 생

동굴 수도원 상부 구역에서 바라본 키이우 전경

활에 전념하다가 생을 마감했다고 한다. 미로처럼 이어진 수많은 토굴은 수도사들의 묘지이기도 했다. 지하 동굴의 기후 조건 때문에 시신은 미라가 되었다. 신자들은 이제는 묘지가 된 토굴 입구에서 촛불을 밝혀 놓고 기도를 올렸다.

동굴 수도원은 관광지이기 전에 성지이기 때문에, 수도원 측은 일부 구역을 제외하고는 외국인이나 비정교회 신자의 출입을 철저하게 통제했다. 주요 출입 지점에는 마치 〈스타워즈Star Wars〉 영화에 나오는 제다이 기사 복장 같은 수도복 차림의 수사가 지키고 있었다. 정교회 신자인 체하고 입장을 시도하는 사람도 간혹 있었으나 수사들은 귀신같이 가려내는 매의 눈을 가진 듯했다. 진지한 순례객 사이에서 계속 기웃거리고 있기도 민망해서 곧 자리를 떴다.

잠깐 둘러본 동굴 수도원의 모습이나 분위기는 상부 수도원 구역 건물의 화려함과 대조를 이루었다. 수도사들이 평생 금욕, 절제, 청빈을 원칙으로 삼으며 생활하던 공간이었으니 이처럼 소박한 모습이 어쩌면 수도원에 어울리는 당연한 일이다. 하지만 이는 거의 상업적 관광지로 변질해 버린 다른 서유럽 도시의 거대하고 화려한 성당들의 기억과 교차돼 묘한 감동을 주었다.

찬란한 아름다움, 파괴와 복원

키이우 전역에 산재한 종교 유적 순례에서 빼놓을 수 없는 부분이 성 미하일 황금 돔 수도원St. Michael's Golden-Domed Monastery이다. 성 소피아 광장에 서면 동북쪽으로 뻗은 널찍한 대로가 끝나는 지점에 우뚝 솟은 돔 성당이 눈에 들어온다. 이 성당 구역은 키이우 구도심에서도 요지 중 요지에 있어 키이우 체류 중 여러 차례 지나다니게 되는 곳이다. 이 수도원의 화려한 건물들은 드니프로 서쪽 강변의 나지막한 언덕 위에 있어 도심 어디서든 쉽게 눈에 띈다. 이 수도원은 우크라이나 역사의 압축판이라 할 만한 파란만장한 사연을 담고 있다.

수도원이 자리 잡은 언덕배기 광장 주변에는 건물이 여럿 들어서 있다. 과거의 수도원은 성직자들이 거주하는 수도장일 뿐 아니라 학문과 교육 등 다양한 기능을 수행하던 공간이기도 했다. 이름 그대로 빛나는 황금 돔과 첨탑, 십자가를 자랑하면서 서 있는 푸른색의 주 성당 건물 외에도 이 수도원 구역에는 종탑, 성 요한 식당 건물 등 여러 부속 건물이 자리 잡고 있다. 수도원이 있는 이 작은 언덕은 중세 왕국 시절부터 키이우의 정치적, 행정적 중심지였다. 언덕 아래의 포딜 구역과는 안드레아 비탈길이나 승강기로 연결되어 있다.

수도원은 아직도 살아 있는 종교적 공간이다. 현재 이 수도원은 우크라이나 정교회의 본부로 사용되고 있다. 지리적으

137

로도 키이우 구도심 중심부일 뿐 아니라 명실상부하게 우크라이나 정교회의 구심점이다. 수도원에 들어서니 머리에 미사포를 쓰고 성당에서 기도를 올리는 신자들의 모습이 엄숙한 분위기를 자아낸다. 12세기까지 거슬러 올라갈 정도로 유서 깊은 곳인데도 갓 완공된 듯이 번쩍이는 모습이 왠지 어색하다.

이 수도원 겸 성당의 역사는 키예프 루스의 탄생기까지 거슬러 올라간다. 일부 학자들은 1050년대 키예프 루스의 이쟈슬라프 야로슬라비치 대공이 처음으로 이 자리에 자신의 세례명을 딴 성 데메트리우스 수도원과 성당을 지었다고 주장한다. 이 수도원의 성당은 키예프 루스에서는 처음으로 황금 도금을 입힌 돔을 세우면서 황금 돔 성당이라는 별칭을 얻었다. 그러나 화려한 황금기도 잠깐이었을 뿐 1240년에 몽골 침략으로 수도원은 폐허가 되고 오랫동안 방치되었다가 15세기 말에 와서야 복원되었다. 이때 수도원 이름도 성 데메트리우스 수도원에서 지금처럼 성 미하일 수도원으로 바뀌었다.

수도원 건물은 이처럼 영광과 상처가 뒤섞인 다채로운 역사의 자취를 그대로 보여 준다. 이 수도원은 원래 비잔틴 양식으로 지었으나 키이우의 다른 성당 건물처럼 18세기에 개축, 재건하면서 우크라이나 바로크 양식이 추가되었다. 내부는 원래의 비잔틴 양식을 유지하고 있지만, 외부에서 보면 우크라이나 바로크 양식 특유의 양파 모양 돔과 십자가 첨탑, 화려한 장식이 인상적이다.

< 성 미하일 황금 돔 수도원은 수도원과 성당, 교육 시설을 고루 갖춘 작은 도시였다. 소련 시절 거의 파괴됐으나 우크라이나 독립 후 복원됐다.

∧ 성 미하일 수도원의 성당은 최근 복원을 거쳐 파스텔색 벽과 황금빛 양파형 돔으로
장식된 과거의 화려한 모습을 되찾았다.

동슬라브 지역의 건축사가 집약된 듯한 이 건물군은 소련이 건국하면서 엄청난 수난을 겪게 된다. 당시 소련 정부가 발간한 여러 문서는 이 성당의 연대에 관한 사실에 의문을 제기했다. 그리고는 이 건물이 수차례 개축을 거듭하면서 원래의 비잔틴 양식은 사라지고 비교적 최근의 건축 양식만 남았다면서 역사적, 예술적 가치가 없다고 결론지었다. 1934년 이러한 조사 결과를 근거로 소련 정부는 수도원 건물 전체를 파괴하고 그 자리에 현대적인 관공서를 짓기로 한다. 이 조치는 우크라이나 소비에트 사회주의 공화국의 수도를 하르키우에서 키이우로 이전하기로 한 결정과도 관련이 있었다. 이

억지스러운 정치적 결정에 대다수 전문가도 마지못해 동의했지만, 단 한 사람 미콜라 마카렌코 교수만 서명을 거부했다. 이후 그는 결국 소련의 감옥에서 생을 마감해야 했다.

1934년 6월 성당 건물 내부에 남아 있던 12세기 모자이크의 해체 작업이 시작되었다. 이 모자이크는 모스크바의 트레티야코프 미술관, 국립 러시아 박물관, 상트페테르부르크의 에르미타시 박물관 등으로 뿔뿔이 흩어졌다. 키이우에 남아 있던 일부 모자이크는 2차 세계 대전 때 나치 점령군의 수중에 들어갔다가 전후에는 미군의 손에 넘어갔다. 미국은 이후 이 보물을 소련에 반환했다. 수도원의 황금 돔은 해체되고 수많은 보물은 해외로 팔려나가거나 파괴되었다. 그리고 마침내 1936년 소련 당국은 성당 건물과 종탑을 다이너마이트로 완전히 폭파해 버린다. 우크라이나의 오랜 역사를 증언하던 유서 깊은 건물들이 잿더미로 변했다.

수도원이 있던 빈터에는 '정부 광장'이라는 무미건조한 이름의 집회 공간이 들어섰다. 소련 정부는 이 자리에 새로운 우크라이나 소비에트 사회주의 공화국의 행정 기구 건물과 대중 집회 공간을 마련할 것이라고 발표했다. 공터 활용 방안을 놓고도 갑론을박 끝에 결론을 내지 못했고 이런저런 사정 때문에 초기의 계획은 계속 미루어졌다. 유일하게 실현된 것은 현재의 우크라이나 외무성 청사다. 이 거대한 현대적 건물은 복원된 고풍스러운 성당 건물들과 어색한 대비를 이루면

∧ 소련 시절 성 미하일 수도원 구역의 건물을 파괴한 후 광장 한편에 이처럼 거대한 현대식 건물이 들어섰다. 현재 우크라이나 외무성 청사다.

서 아직도 수도원 한편에서 자리를 지키고 있다. 수도원 성당이 있던 빈터에는 테니스장과 배구 경기장 등 스포츠 시설이 들어섰다. 유일하게 파괴를 모면한 성 요한 식당 건물은 탈의실로 사용되었다.

혁명 초기의 광기가 가라앉고 시간이 지나면서 구 수도원 자리의 역사적 가치에 대한 논의가 나오기 시작했다. 하지만 이 주장들이 실제 복원 작업으로 결실을 본 것은 우크라이나가 독립한 후의 일이다. 발굴 작업과 더불어 복원이 시작되었고, 1999년 마침내 성 미하일 수도원은 원래의 화려한 겉모습을 대부분 되찾았다. 러시아 정부와의 지리한 협상 끝에 소련 초기에 흩어졌던 12세기의 모자이크도 일부는 고향으로

∧ 성 미하일 수도원의 성 요한 식당 건물은 수도원 시설 중에서 소련 시절 파괴를 면한 유일한 건물이다.

되돌아왔다. 하지만 성당 건물 내부는 방문자가 보기에도 아직 과거의 모습을 되찾지 못하고 갓 입주한 신축 아파트처럼 어색한 느낌을 강하게 풍겼다.

성당을 나와 광장에 서서 성 소피아 성당 쪽을 바라보니 오른쪽에 동상 세 개가 서 있었다. 그중 특히 머리에 왕관과 미사포를 쓴 여인상이 눈에 들어왔다. 키릴 문자로 올가Ольга라고 적혀 있었는데, 키이우 중심부인 이 광장에 동상이 들어섰다면 예사롭지 않은 인물일 것이다. 기록을 찾아보니 성 올가는 10세기 키예프 루스의 왕족으로 제2대 대공인 이고리 류리코비치의 아내였다. 키예프 루스가 정교회를 공인하기도 전인 957년에 세례를 받았고 왕위 계승자인 아들을 비롯해

루스인에게 기독교를 전파하려 애쓴 선구적인 인물이다. 이 덕분에 성 올가는 동방 정교회와 가톨릭에서 성인으로 추대되었다. 여기까지만 보아도 우크라이나의 종교적 본향인 수도원 광장의 동상으로 세워지기에 손색이 없는 인물이다.

그런데 성 올가의 이력에는 흥미로운 부분이 있었다. 올가는 남편이 일찍이 살해당하는 바람에 어린 나이에 즉위한 아들의 섭정으로 실질적으로 나라를 통치했다. 침략자이자 남편의 원수인 드레블랴네인에게 네 차례에 걸쳐 복수하고 결국 이들을 복속시킨 철의 여인이었다. 종교적으로나 정치적으로나 성 올가만큼 현재 약소국 우크라이나인의 정서를 잘 대변해 주는 인물이 있을까 싶다. 역시 동상의 위치 선정에는 그럴 만한 이유가 있었다.

키이우 여행은 성당에서 시작해 성당으로 끝난 것 같은 착각이 정도로 종교 유적으로 넘쳐났다. 독립 후의 어려운 여건에서도 우크라이나 정부가 수많은 성당 복원에 투입한 자금과 노력을 감안하면 이 작업들이 신생국 우크라이나인에게는 종교적 신앙뿐 아니라 역사적 뿌리 찾기에서 엄청난 중요성을 지니는 게 틀림없을 것이다.

성 미하일 황금 돔 수도원 언덕에 서면 저 아래 드니프로 강변의 포딜 지구가 내려다보인다. 포딜 지구로 내려가려면 성 미하일 수도원 성당 뒤에서 승강기를 타거나 '안드레아 비탈길'을 따라 내려가야 한다. 맑은 날이면 이 비탈길 양쪽에

< 성 미하일 수도원 광장에는 키예프 루스 시절 종교적 신앙의 선구자이자 정치적으로도 민족 영웅이던 성 올가의 동상이 있다.

∧ 성 미하일 수도원 언덕에서 포딜 지구로 내려가는 비탈길에는 사도 안드레아의 전
설을 기념하는 성 안드레아 성당이 있다.

는 기념품이나 갖가지 물건을 파는 노점상이 들어선다. 노점
진열대에는 소련 시대의 훈장이나 동전 따위의 유물이 이제
는 지나간 시절의 분위기를 풍기며 이방인의 호기심을 자아
냈다. 무명 화가들은 그림을 늘어놓고 있었다.

　　유럽 도시에서 흔히 보듯이 돌로 포장된 이 가파르고 구
불구불한 길이 시작하는 지점에는 성 안드레아 성당이라 불
리는 화려한 바로크식 돔 성당이 하나 서 있다. 이 언덕길과
성당에 안드레아라는 이름이 붙게 된 데는 사연이 있다. 전설
에 따르면 무려 1세기경 사람도 살지 않던 언덕을 한 남자가
걸어 올라간 후 정상 부근(현재의 안드레아 비탈길)에 십자가를 세

146

∧ 성 안드레아 비탈길을 걸어서 내려가다 보면 멋진 벽화를 그려 놓은 건물들을 만날 수 있다.

웠다. 그리고는 "이곳에 교회로 뒤덮인 위대한 도시가 서게 되리라" 하고 예언했다. 훗날 그 언덕 주변에는 실제로 수많은 교회가 세워졌고 키이우라는 도시가 들어서 동슬라브 지역의 중심지가 되었다. 그는 바로 예수의 열두 제자 중 한 사람인 안드레아라고 전해온다.

전설은 대부분 허구이기 때문에 역사적 진실성을 따지는 것은 무의미하다. 하지만 허구라 하더라도 전설은 대중의 희망과 인식을 반영한다는 점에서 절반의 진실을 담고 있다. 우크라이나인은 키이우가 동슬라브의 정신적 고향이자 중심지라고 굳게 믿었다. 키예프 루스가 멸망한 13세기까지 키이우는 실제로도 슬라브 세계의 중심이었고, 우크라이나 땅에 살던 사람들은 스스로 루스인을 자처했다.

그런데 키이우를 중심으로 한 지역이 폴란드 지배하에 들어가면서 이 지역 사람들은 변경 지역(오크라이나)인 드니프로 유역을 지칭하는 이름으로 불리기 시작했다. 우크라이나는 '거칠고 황량한 지역'이라는 뜻이었다. 그러다가 18세기에 이르면 동슬라브의 패권은 모스크바로 완전히 넘어갔고 우크라이나는 명실상부한 변방이 되었다. 새로운 패권 세력인 러시아는 키이우와 동의어나 마찬가지이던 '루스'를 자신을 지칭하는 용어로 독점하기 시작했다. 그리고 러시아와 변방을 구분하기 위해 키이우 주변 지역을 '소러시아' 혹은 '우크라이나'로 불렀다. 이제는 우크라이나 땅에 사는 사람들도 자신을 우크라이나로 부르게 됐다. 한때 동슬라브의 중심이던 우크라이나는 주민의 의식 속에서도 변방으로 굳어졌다.

안드레아 비탈길과 키이우의 탄생을 둘러싼 전설이 종교적 일화를 중심으로 구성되었다는 점 역시 현대적으로 해석할 여지가 크다. 중세 이래의 역사에서 종교는 정치의 다른 얼굴이었으니 종교적 전설은 단지 신자들에게만 해당하는 믿음은 아닐 것이다. 동슬라브 역사의 중심에서 주변부로 밀려난 우크라이나 사람들이 느끼는 좌절과 희망, 이 모든 정서가 투영된 것이 키이우 탄생 설화가 아닐까?

유럽의 꿈

헷갈릴 정도로 많은 구도심 성당을 돌아본 후 내리막길을 따라서 동쪽으로 조금 걷다 보면 전혀 다른 분위기의 거리가 나온다. 키이우 구도심에는 언덕이 많다. 키이우의 출발을 알리는 신화가 언덕 이야기인 것만 보더라도 알 수 있듯이, 키이우의 유서 깊은 거리는 여러 언덕 위에 조성되었다. 그런데 현재 키이우의 번화가인 독립 대로와 독립 광장은 드니프로강을 따라 펼쳐진 저지대에 있다. 일직선으로 넓게 뚫린 독립 대로 양쪽으로 높은 현대식 건물이 들어서 있고, 오가는 행인으로 붐비는 커다란 광장이 보인다.

독립 광장은 19세기 초만 해도 '염소 늪'이라 불리던 공터에 불과했고 19세기 중반에 와서야 본격적으로 개발이 시작됐다. 제정 러시아 시절이던 1876년 이곳에 키이우 시의회인 두마Duma 건물이 들어서면서 이 주변은 의회 광장으로 불렸다. 1894년에는 러시아 최초의 전차가 이곳을 다녔다고 하니, 짧은 시간에 허허벌판에서 러시아 제국의 명소로 변신한 것임이 틀림없다. 볼셰비키 혁명이 일어나고 1922년 소련 정부가 수립된 후 이 광장은 소비에트 광장으로 이름이 바뀌었다. 2차 세계 대전을 거치면서 광장과 대로 주변은 철저하게 파괴된다.

전후 소련은 폐허가 된 이곳을 당시의 다른 소비에트 도

독립 광장 동편에서는 우크라이나의 민족적 기념물들을 볼 수 있다. 하얀 대리석 기둥 모양의 승리탑 뒤로 스탈린 시대의 건축인 우크라이나 호텔이 보인다.

시처럼 신고전주의적인 스탈린 양식으로 재건했다. 그래서 넓은 광장과 직선으로 탁 트인 독립 대로를 따라 벨라루스나 다른 동유럽 국가에서 보던 것과 비슷하게 웅장하면서도 삭막한 느낌의 건축물이 많이 남아 있다. 광장의 명소인 중앙 우체국과 우크라이나 노동조합연맹 청사는 1950년대 중반에 새로 건축한 것으로, 한때 키이우 소개 사진으로 등장할 정도로 도시의 랜드마크였다. 광장은 스탈린주의 바로크로 알려진 좀 더 화려한 양식으로 재건 작업이 전개되다 절반만 완성된 채로 중단되었다. 그러다가 1970년대 중반 광장에 대대적인 조형물 건설이 이루어져 마르크스와 레닌 동상, 그리고 10월 혁명 기념비가 들어섰다. 광장의 이름도 10월 혁명 광장으로 바뀌었다. 소비에트 시절 이 광장에서는 노동절이나 승전 기념일, 10월 혁명 기념일 등의 국경일마다 대규모 퍼레이드와 대중 집회가 열렸다.

1991년 우크라이나가 독립하면서 이 모든 풍경은 몰라볼 정도로 바뀌었다. 소비에트 시절의 상징물은 철거되고 광장은 민주화와 유럽화를 추구하는 정치 운동의 장으로 변했다. 소련이 해체되기도 전인 1990년 10월 2일 수십 명의 학생이 그해 선거 결과에 불복해 대대적인 정치 개혁을 요구하면서 시위를 벌이기 시작했다. 시위대 규모는 급속하게 불어나 일반 시민들까지 가담한 대규모 반정부 시위로 확대되었다. 시위대가 광장의 화강암 바닥에 천막을 치고 단식 투쟁에 들어간 데 착안해 이 운동은 '화강암 바닥 혁명Revolution on Granite'으로 불렸다. 그 후 2000년에는 쿠치마 대통령 하야 운동이 이어졌고, 2004년에는 오렌지 혁명이 일어나 전 세계의 주목을 끌었다.

이러한 정치 운동은 2013년에서 2014년 사이의 유로마이단 운동Euromaidan으로 정점에 달했다. 유로마이단 운동은 당시 야누코비치 대통령의 친러시아 정책 선회에 대한 반발로 시작해 대대적인 정치 개혁과 서구화를 요구하는 사회운동으로 확대됐다. 그 결과 대통령은 사임하고 친유럽 정권이 새로 들어서는 등 광범위한 개혁이 이루어졌다. 그러나 우크라이나 내에서도 지역마다 친유럽 노선에 대한 입장 차이가 있어, 우크라이나가 내부적으로 분열하는 계기가 되었다. 이 시위 후 들어선 신임 정부의 친유럽 노선에 반발해 친러 세력이 강한 도네츠크와 돈바스 지역에서는 분리주의 운동이 전개되었고, 러시아가 우크라이나에 경제 제재를 가하고 크림반도까지 합병하는 사태가 일어났다.

우크라이나가 독립한 후에 독립 광장은 정치적 시위 외에도 비정치적 이벤트나 전시 등 다양한 활동이 자유롭게 펼쳐지는 '해방 공간'이었다. 하지만 2014년 이후 이 광장에서는 더 이상 그러한 행사가 열리지 않고 있다. 크리스마스 행사나 신년 축하 행사는 장소를 소피아 광장으로 옮겨 열리고 있다. 100명이 넘는 희생자가 피를 흘린 자리에서 오락성 행사를

∧ 유로마이단 운동 당시 불타 버린 노동조합연맹 청사 자리에는 '자유는 나의 종교다'라는 가림막이 들어섰다.

여는 것이 부적절하다는 인식이 퍼진 탓이다.

독립 광장에는 유로마이단 운동 당시의 흔적이 생생하게 남아 있다. 광장의 랜드마크이던 노동조합연맹 청사는 당시 시위대의 본부이자 프레스 센터 구실을 했는데, 경찰의 진압 과정에서 잿더미로 변했다. 현재 공사 중인 건물터에는 "자유는 나의 종교다"라고 적힌 거대한 가림막이 서 있다. 광장을 둘러보면 독립 후에 일어난 변화의 가시적인 증거를 확인할 수 있다. 소련 시절 광장을 가득 메웠던 정치 상징물 대신에 민주화와 우크라이나 민족주의를 상징하는 장소로 광장을 개조하는 작업이 꾸준히 진행됐다.

광장은 한가운데를 관통하는 독립 대로 때문에 동서 양

쪽으로 나누어져 있다. 동쪽 광장에는 2001년 독립 10주년을 기념해서 세운 61미터 높이의 승리탑이 존재감을 과시하고 있다. 이 기념비 자체만으로도 우크라이나가 그동안 취해 온 유럽화와 민족주의 노선을 짐작할 수 있다. 우크라이나 바로 크 양식으로 장식된 사원 모양의 흰색 대리석 기단 위에 높은 돌기둥이 있고 꼭대기에는 고대 슬라브 신화에 나오는 우 크라이나 수호신 베레히냐Berehynia가 '칼리나'라는 나무줄기 를 양손으로 펼쳐 든 채 서 있다. 여인이 들고 있는 칼리나는 우크라이나에서 민속 의상의 장식으로도 사용되고 칼리나 열매는 우크라이나 군대의 휘장에도 들어갈 정도로 널리 알 려진 민족적인 상징이다. 독립 광장 기념비에 가장 민족주의 적인 인물상과 문장을 사용해 우크라이나 독립의 의지를 표 현한 셈이다.

소련에서 독립한 신생 국가나 구 사회주의 국가 중 광장 이나 거리에 '독립'이라는 단어를 사용한 곳이 물론 키이우 만은 아니다. 그렇지만 우크라이나인에게 독립이라는 단어의 의미는 훨씬 더 절실한 듯하다. 독립 후 10월 혁명 광장의 이 름을 변경하는 과정에서 '자유 광장'도 대안으로 거론된 적 이 있다. 이 광장에서 전개된 정치적 사건이나 우크라이나가 추구해 온 유럽화, 서구화 노선을 고려하면 적절한 이름인 듯 도 싶지만, 결국 폐기됐다.

또한 독립이라는 용어를 정할 때도 흔히 사용되는 단어

이자 러시아어에 가까운 '플로시차ploshcha'를 버리고 굳이 생소한 '마이단maidan'을 선택한 것도 매우 의미심장하다. 마이단은 슬라브어가 아니라 페르시아어나 아랍어, 터키어 등에서 유래한 단어다. 아마 우크라이나 남부에서 오랫동안 거주한 타타르인이나 터키 유목 민족의 언어에서 우크라이나어로 흘러들어온 단어로 보인다. 추측건대 우크라이나인에게는 러시아에서 벗어나려는 욕망이 그만큼 강했던 것 같다.

광장에는 베레히냐 외에도 우크라이나를 상징하는 조각이 많이 들어서 있는데, 이것들을 찾아내는 것도 소소한 발견의 즐거움을 준다. 승리탑 앞에는 시원한 분수대가 있고 개울처럼 물이 흘러내리는 계단에서는 젊은이와 아이들이 즐겁게 물장난을 치고 있다. 이 분수대 중심을 장식하는 청동 조각은 바로 중세 도시 키이우를 처음 세운 키, 쉬체크와 코리프 삼형제의 동상이다. 역사적 인물은 아니지만 우크라이나 민담이나 대중문화에서 주인공으로 자주 등장하는 코사크인 마마이의 조각도 있다. 대로를 건너 서쪽 광장으로 건너가면 노란색 칠을 한 라크 성문이 있고 정상에 천사 모습을 한 동상이 서 있다. 바로 중세 시절부터 키이우의 수호성인이던 천사장 미하일이다. 이곳은 황금 성문과 더불어 전성기 키예프 루스의 성문 중 하나였는데, 2001년에 추정 복원한 것이다.

거리에서 동쪽 광장 승리탑을 바라보면 그 배경에는 소비에트 시절에 지은 베이지색의 높은 건물이 보인다. 1961년에

< 동편 광장의 분수대에는 도시 키이우를 처음 세운 키, 쉬체크, 코리프 삼형제의 동상이 있다.

완공됐고 건축사적으로는 스탈린주의 건축 양식으로 지은 거의 마지막 고층 빌딩이다. 소련 시절에는 모스크바 호텔로 불리다가 지금은 우크라이나 호텔로 이름을 바꾸었다. 장차 이 건물 역시 허물고 그 자리에 68층짜리 현대적 빌딩을 신축할 계획이라고 한다. 도심 북동쪽 끝의 유럽 광장에서 독립 광장을 거쳐 남서쪽의 베사라브스카 광장에 이르기까지 독립 대로를 따라 서 있는 스탈린주의 양식의 많은 건물 역시 아마 시간이 지나면서 하나둘씩 지워지고 새로운 모습의 건물이 그 자리에 들어설 것이다.

전쟁과 희생의 기억

키이우 곳곳을 둘러보면서, 소련에서 독립한 신생국 중에서 우크라이나처럼 철저하게 소비에트의 흔적을 지우려는 나라가 또 있을까 하는 생각이 들었다. 2015년 4월 우크라이나 정부는 공산주의와 국가 사회주의(즉 나치) 체제의 상징물을 모두 불법화하는 법을 통과시켰다. 이 규정은 모든 기념물, 거리, 장소 이름에 적용됐다. 구소련권에서 통용되던 공식 호칭인 '위대한 조국 전쟁'은 서방 세계에서 부르는 것처럼 '2차 세계 대전'으로 바뀌었다. 2016년 한 해 동안만 우크라이나 전역에서 51,493곳의 거리, 987개 도시와 마을 이름이 변경되었고, 1,320개의 레닌 동상과 1,069개의 다른 공산주의자의 동상이 철거됐다. 키이우에서는 흐레시차티크 거리와 셰브첸코 거리가 만나는 지점에 마지막으로 남은 레닌 동상이 있었다. 역사적 가치를 이유로 공산주의자들이 완강하게 반대해 철거하지 않고 남겨둔 것이다. 그러나 2013년 12월 8일 성난 유로마이단 시위대가 이 마지막 동상을 기단에서 끌어내려 박살을 냈다.

우크라이나판 역사 바로 세우기에는 상당한 대가가 따랐다. 2015년에 나온 추산으로는 전국적인 지명 변경에만 15억 달러가 소요될 것이라고 했다. 독립 후 우크라이나의 경제 상황을 감안하면 이처럼 철저하게 역사 바로 세우기에 국력을 집중하기로 한 선택이 조금 의아하다. 2020년 기준으로 우크라이나의 1인당 명목 소득은 3,881달러고 구매력으로 환산해도 10,310달러에 불과하다. 우크라이나는 몰도바와 더불어 아직 유럽에서 국민 소득이 가장 낮은 나라다. 소련 시절에 파괴된 성당과 수도원을 복원하고 과거를 청산하는 데 투입한 엄청난 비용은 돈 쓸데가 많은 신생국으로서 적지 않은 부담이다. 그런데도 소련 시절의 유산 청산에 매진한 것은 러시아의 변방국이 아니라 유럽의 일원으로서 새로운 미래를 설계하겠다는 의지를 확실하게 표명한 셈이다.

그러나 키이우에는 아직 소비에트 시절의 흔적이 강하게 남아 있다. 2015년 탈공산주의화법도 2차 세계 대전과 관련된 기념물은 예외로 두었고, 기념비나 묘비에 새긴 소비에트

∧ 비치노이 슬라비 공원에는 소비에트 시절을 기념하는 추모비와 그 시절의 만행을 기억하는 상반된 성격의 추모 시설이 함께 서 있다.

문장도 철폐 대상에서 제외했다. 키이우 시가지 동쪽 드니프로 강변 언덕에는 다른 구소련 국가처럼 2차 세계 대전의 참상과 영웅적 투쟁을 환기시키는 기념물이 모여 있다. 아르세날나 지하철역에서 내려 키이우 동굴 수도원으로 가는 길목에는 비치노이 슬라비(영원한 영광) 공원에 희생자 추모 시설이 있다. 그리고 동굴수도원의 남쪽 언덕 위에는 검을 하늘 높이 치켜든 거대한 여인상이 서 있다. 여행 안내서에는 조국 기념상Motherland Monument(러시아어로는 로디나 마트Rodina Mat라고 읽는다)이라고 적혀 있다.

먼저 비치노이 슬라비 공원으로 올라가면 성격이 판이한 두 추모 시설이 나란히 자리 잡고 있다. 공원을 향해 걸어가

160

∧ 무명용사의 비석은 2차 세계 대전에 소련군으로 참전해 전사한 무명의 우크라이나 병사들을 추모하기 위한 시설이다.

다 보면 비탈 위로 우뚝 솟은 오벨리스크 모양의 기념비가 먼저 눈에 들어온다. 소련의 12개 영웅 도시에서 보던 전형적인 기념비다. 27미터 높이의 추모비 앞 바닥에는 청동 장식의 판 위에 영원의 불꽃이 타오르고 있다. 추모비 앞 양쪽에는 나지막한 35개의 비석이 줄지어 있다. 2차 세계 대전에 소련군으로 참전했다가 전사한 무명의 우크라이나인 병사들을 추모하기 위해 1957년에 개장한 시설이다. 추모 시설의 성격이나 모양, 분위기는 영락없이 구소련권 어디든 존재하는 전형적인 소비에트 유산이다.

무명용사의 비가 주는 소비에트적인 느낌은 몇 걸음 채 가지 않아 확연하게 바뀐다. 소비에트 시절의 오벨리스크 바로

옆에는 촛불을 형상화한 또 다른 추모 시설과 박물관이 있다. 이 시설은 20세기 초반 일어난 세 차례 대기근의 희생자를 기리는데, 특히 1932~1933년에 스탈린의 집단 농장 정책의 실패로 희생된 수백만 명의 우크라이나인을 추모하기 위한 '홀로도모르 대학살 국립 박물관'이다. '홀로도모르Holodomor'는 기아로 인한 죽음과 인위적 학살이라는 의미를 동시에 지닌 우크라이나어다. 홀로도모르 75주년에 맞춰 2008년 11월 22일 처음 문을 열었고 2010년에 국립 박물관으로 승격되었다. 소비에트의 기억을 환기하는 시설 바로 옆에 그 시절의 악몽을 떠올리는 강렬한 추모 시설을 나란히 세운 것이다.

홀로도모르 추모비를 바라보면서 추모관 구역에 들어서면 양쪽에 돌로 새긴 천사상이 세워져 있다. 슬픈 얼굴의 이

∧ 무명용사 추모비에는 소련 시절에 설치한 '영원의 불꽃'이 타오르고 있다.
〉 홀로도모르 추모 시설로 들어가는 입구 양쪽의 '애도의 천사상'은 희생된 영혼의 수호자를 상징한다. 멀리 기억의 촛불 탑이 보인다.

< 홀로도모르의 소녀상. 앙상하게 여윈 소녀는 밀 한 줌을 움켜쥐고 있다. 길바닥의 검은 포장석은 우크라이나의 비옥한 토지를 상징한다.

조각은 '애도의 천사'라고 불리는데, 당시 사망한 영혼들의 수호자를 나타낸다. 천사상을 지나치면 길 한복판에 앙상하게 여윈 청동 소녀상이 서 있는데, 소녀는 처절한 표정으로 밀 한 줌을 움켜쥐고 있다. 소녀상에서 추모비까지 이어지는 길바닥은 특이하게 검은 돌로 포장되어 있어 궁금했는데, 우크라이나의 비옥한 검은 흙을 상징한다고 한다. 세계적으로 유명한 곡창 지대 우크라이나 땅에서 수백만 명이 기아로 사망한 이 참사는 자연 재난이 아니라 학살이나 다름없었다.

> 기억의 촛불 탑의 수많은 유리 십자가
는 희생자들의 영혼을 상징하고, 하늘을
향해 날아오르는 황새 조각은 우크라이
나 국가의 재탄생을 기념한다.

　진입로 정면에는 '기억의 촛불'이라 불리는 30미터 높이
의 하얀 촛불 모양의 탑이 있다. 이 탑은 다양한 크기의 유리
십자가로 장식되어 있고, 탑 기단에는 노란 황새 조각이 하늘
을 향해 비상하는 모습으로 붙어 있다. 이 십자가들은 희생
자들의 영혼을 상징하고 황새는 우크라이나 국가의 재탄생을
기념한다.

　이 시설에서 가장 충격적인 곳은 기억의 촛불 탑 지하에
있는 기억의 전당이었다. 이 추모 시설 겸 박물관은 기근 당

시 우크라이나 사람들의 생활상을 짐작게 하는 전시물과 더불어 자세한 사진과 설명으로 비극의 참상을 상상할 수 있게 해 준다. 특히 인상 깊었던 전시물은 희생자의 이름과 인적 사항을 인쇄한 두꺼운 인명록이었다. 아무리 큰 비극이라도 멀리서 보면 그냥 하나의 역사적 사건이지만 큰 사건에 얽힌 평범한 개개인의 사연을 접하게 되면 감당하기 어려운 충격으로 다가오기 마련이다.

추모 시설에서 동굴 수도원을 거쳐 비탈길을 따라 내려가면 또 다른 남쪽 언덕 위에 소비에트 시절의 웅장한 기념비가 있다. 비가 내리는 가운데 구불구불한 언덕길을 따라 땀을 흘리며 한참 올라갔다. 정상 가까이 다가가자 갑자기 소련 풍의 거대한 조각이 눈에 확 들어왔다. 널찍한 광장에 '우크라이나 국립 2차 세계 대전 역사 박물관The National Museum of the History of Ukraine in the Second World War' 건물이 있고, 그 위에 무려 62미터 높이의 여인상이 한 손에 방패를 들고 다른 손으로는 칼을 하늘 높이 치켜들고 서 있었다.

스테인리스 스틸로 제작한 이 동상은 멀리서 보던 것보다 훨씬 웅장한 모습이었다. 오른손에 든 칼만 해도 길이가 16미터, 무게가 9톤에 달하고 방패는 가로 8미터 세로 13미터로 그 덩치만으로도 보는 이를 압도한다. 왼손에 든 방패에는 낫과 망치로 된 소비에트 연방의 문장이 선명했다. 한때 키이우에서 가장 높은 건축물이었으나 키이우 동굴 수도원의 십자

< 조국 기념상은 우크라이나 국립 2차 세계 대전 역사 박물관 위에 서 있는 62미터 높이의 거대한 여인상이다.

가보다 높은 것은 불경하다고 하여 칼끝을 조금 절단했다는 이야기도 있다.

　이 기념상은 규모만큼이나 큰 논란거리였다. 기념상 제작에는 엄청난 비용이 투입되기에 반대도 많았지만 우여곡절 끝에 1981년 소련 공산당 서기장인 브레즈네프까지 참석한 가운데 성대한 개막식이 열렸다. 우크라이나 독립 후에는 구소련 잔재 청산 차원에서 철거 주장도 나왔지만 전쟁 추모 시설은 예외로 두는 바람에 이 시설은 살아남았다.

　박물관 내부 추모 강당에는 전쟁 당시 소련 최고의 훈장인 '소비에트 연방 영웅' 칭호나 '사회주의 노동 영웅' 칭호를 받은 11,600명의 병사와 200명 이상의 노동자 이름을 대리석

∧ 박물관 광장 주변에는 사회주의 양식의 전쟁 추모 조각이 즐비하다.
＞ 2차 세계 대전 당시 격전지이던 드니프로강 전투를 기념하기 위해 만든 이 조각은 사회주의 리얼리즘 양식이 물씬하다.

판에 새겨놓았다고 했는데 시간이 맞지 않아 들어가 보지는 못했다. 박물관 맞은편 광장 한편에는 전쟁 당시의 전차가 전시되어 있고 조금 높은 기단 위에는 거대한 쟁반 모양의 '영광의 불꽃'이 불이 꺼진 채로 있었다.

영광의 불꽃을 향해 조금 걸어가면 분수대 위에 세운 전쟁 기념 청동 조각들이 나온다. 1943년 드니프로강 전투를 묘사한 조각인데, 사회주의 리얼리즘 양식답게 단순하면서도 강렬한 이미지로 결사 항전의 의지를 표현했다. 그 옆의 작은 콘크리트 터널을 지나면 전쟁 기념관으로 이어진다. 터널 안팎에도 전쟁 당시의 군인과 노동자, 파르티잔 게릴라 등 우크라이나인의 영웅적 투쟁을 기리기 위한 부조가 새겨져 있다. 이 추모 시설에서 '위대한 조국 전쟁'이라는 이름을 지워도 광장과 기념물 구석구석에는 어쩔 수 없이 소비에트 시절의 분위기가 역력했다. 우크라이나 땅에서 벌어진 전쟁의 희생자들을 추모하는 시설에서 당시 소련의 그림자만 분리해 지우는 것은 불가능한 일이었는지도 모른다. 기념관은 인적이 드물어 을씨년스러웠고, 하늘은 잔뜩 찌푸린 가운데 비만 계속 부슬부슬 내렸다.

날이 흐린 탓인지 하늘이 벌써 어둑어둑해지고 있었다. 이제 숙소로 돌아가는 일만 남았다. 전시된 조각과 전차, 대포 등을 좌우로 곁눈질하면서 버스 정류장 쪽으로 천천히 걸음을 옮겼다. 버스를 기다리는데 정류장 맞은편에 1989라는 숫

∧ 아프가니스탄 침공 전쟁에서 희생된 병사들을 추모하기 위해 세운 이 조각은 전쟁의 고통과 희생을 생생하게 묘사하고 있다.

자를 새긴 돌판과 청동 동상이 눈에 띄었다. 가까이 가서 보니 소련이 1979~1989년에 아프가니스탄을 침공했을 때 전사한 병사들을 추모하는 시설이었다. 조각은 소련 전쟁 기념물에서 특징이던 영웅성을 강조하는 웅장한 기념물이 아니라, 좀 더 리얼하게 전쟁의 공포와 고통에 찌든 평범한 병사들의 모습을 그렸다. 동상 앞에는 시들기 시작한 꽃다발이 놓여 있었다. 20세기에 이 땅에서 살았던 사람들은 이래저래 고단한 운명에서 벗어나지 못했구나 하는 생각이 절로 들었다.

소비에트 유산의 빛과 그림자

키이우의 거리를 다니면서 아마 이곳에 다시 오게 된다면, 그때마다 소비에트 시절의 흔적은 눈에 띄게 줄어들 것이라는 확신이 들었다. 그렇지만 20세기에서도 근 70년 동안을 소련 체제하에서 있었으니 그 자취를 모두 지우거나 부정할 수는 없을 것이다. 소련 시절의 유산 중에는 보존할 만한 것도 있고 악몽처럼 부정하고 싶은 유산도 있다.

아르세날나 지하철역은 동굴 수도원을 비롯해 주요 유적으로 가는 길목이어서 키이우에 있는 동안 여러 차례 들르게 된다. 이곳은 지하철역으로서는 특이하게도 여행 안내서에도 소개될 정도로 유명한 장소다. 승강장이 105.5미터 지하에 있어 세계에서 가장 깊은 지하철역으로도 알려져 있다. 지하철역 입구에서 승강장으로 가려면 마치 지하 세계 끝까지 내려가는 듯한 에스컬레이터를 타야 한다. 그물망처럼 사통팔달로 얽힌 수도권의 지하철에 익숙한 한국인이 보기에도 키이우의 지하철은 기능적으로 뛰어난 대중교통 인프라일 뿐 아니라 각 역의 건축이나 장식 자체만으로도 감탄할 만한 건축학적 걸작이다. 키이우에는 소련 시절에 건설한 3개 지하철 노선이 있는데 첫 노선이 운영을 시작한 시점이 무려 1960년이다. 소련 내에서도 모스크바와 상트페테르부르크(당시 레닌그라드) 다음으로 지하철을 도입한 것이다.

∧ 키이우에는 소련 시절에 건축한 웅장한 지하철 시설이 아직 그대로 활용되고 있다.

    크리스토퍼 허윅과 오웬 해더리는 《소비에트 지하철역 *Soviet Metro Stations*》이라는 책에서 소련 시절의 지하철역을 '지하에 구현된 소비에트 궁전'에 비유한다. 지하철은 단순한 대중교통 수단이 아니라 넓은 홀과 화려한 장식을 갖춘 궁전처럼 설계되었고 (핵전쟁 등) 유사시에는 방공호 역할을 맡는 군사 시설이었다. 이 때문에 아직도 일부 구 사회주의 국가에서는 지하철에서 사진 촬영을 금하는 관습이 남아 있다.

    소련의 지하철은 1935년에 모스크바에서 처음 개통됐다. 모스크바에서 특히 첫 번째 노선의 지하철역은 건축학 사조의 실험장처럼 온갖 화려한 양식으로 건설되었다. 구성주의, 고전주의, 판테온 양식, 이집트 양식, 아르 데코 등 건축학 교과서에 나오는 온갖 양식으로 역사를 설계하고 장식했다. 그 후 얼마 지나지 않아 지하철역을 사회주의 선전용 조각으로 장식하는 추세가 휩쓸었다. 역 공간은 레닌과 스탈린 등의 지도자상이나 사회주의 리얼리즘 양식의 조각으로 넘쳐나 냉전 시대의 체제 선전장으로 바뀐다.

그러나 스탈린이 1953년 사망하고 니키타 흐루쇼프의 주도로 스탈린 격하 운동이 벌어지면서 지하철 건축 양식까지 영향을 받게 된다. 흐루쇼프는 이전의 건축 양식을 '과잉'으로 규정했는데, 이 때문에 지하철역 설계에서도 화려한 장식보다는 단순성과 기능성 위주의 설계에 초점을 두는 경향이 부상한다. 물론 여기엔 눈덩이처럼 불어난 건설 비용 문제도 요인으로 작용했다.

키이우의 지하철은 스탈린이 사망한 한참 후인 1960년에 개통되었다. 소련 내에서도 모스크바와 레닌그라드에 비해 키이우는 상대적으로 위상이 낮아 지하철 건설 역시 투자가 적을 수밖에 없었다. 그런데도 소비에트 지하철 건축의 흐름을 이처럼 소개하는 이유는 앞서 언급한 건축 사조들이 시대를 뛰어넘어 집약되어 키이우에 구현되기 때문이다.

보크잘나역(중앙역)에서 드니프로에 이르는 1호선의 역들은 초기의 모스크바역처럼 지하 궁전이라 할 정도로 화려하게 건설되었다. 반면에 아르세날나역은 장식이나 중간 홀조차 없이 거의 모더니즘적인 기능성 위주로 설계되었다. 이 역은 객차가 지하 깊은 곳에서 지상으로 나와 드니프로강을 건

∧ 키이우의 지하철역은 땅속 깊숙이 건설했기 때문에 승강장에 도달하기 위해서는 이처럼 한없이 지하로 내려가는 듯한 에스컬레이터를 타야 한다.

너는 위치에 있을 뿐 아니라 주변 지반도 약해서 지하 깊숙이 설계할 수밖에 없었다. 이러한 공학적 난공사의 결과 세계에서 가장 깊은 지하역이라는 명성을 얻게 됐다. 1980년대에 키이우에 건설된 지하철역들은 모스크바의 1930년대 역처럼 다시 화려하게 바뀌었다. 사회주의 혁명을 주제로 한 정치적 소재뿐 아니라 고전주의와 미래주의를 결합한 양식도 등장했다. 소련 말기에 건설된 졸로티 보로타(황금 성문)역은 중세 시대의 모자이크 아이콘으로 장식되어 키예프 루스 시대의 분위기를 물씬 풍기는 화려한 공간으로 건설됐다. 이처럼 키이우의 지하철역은 건설 시점별로 다양하고 흥미로운 특징을 보여 주는데, 시간을 내서 건축학적 투어를 해 볼 만한 곳이다.

1991년 우크라이나가 독립하면서 지하철 역시 적지 않은 변화를 겪었다. 지하철역 이름에 남아 있던 소비에트의 흔적은 즉시 삭제되었다. 제르진스키, 빌쇼비크(볼셰비키), 레닌, 콤소몰, 체르보노아르밀스카(적군) 등 공산주의 냄새가 물씬한 이름은 좀 더 중립적인 이름으로 대체되었다. 레닌역은 주변의 건물 이름을 따서 테아트랄나(극장)역으로 바뀌었을 뿐 아니라 중심 공간에 있던 레닌 흉상과 어록 조각 역시 조용히 철거되면서 원래 모습을 많이 잃었다. 열차 안이나 역사는 자본주의식 광고판으로 채워지기 시작했다. 어쨌든 키이우의 지하철은 그나마 소비에트 시절이 남긴 좋은 유산이다.

소비에트 시절의 유산에서 빛이 있다면 그림자도 있다. 특히 소련 말기에 발생한 체르노빌 참사는 우크라이나인에게 지울 수 없는 트라우마로 남아 있다. 성당과 수도원이 몰려 있는 구도심에서 안드레아 비탈길을 따라 포딜 구역으로 내려가면 겨자색 페인트칠한 아담한 2층 건물이 나온다. 입구에는 국립 체르노빌 박물관Ukrainian National Chernobyl Museum이라고 적혀 있는데 무심코 지나치면 잘 보이지 않을 정도로 소박한 건물이다.

소련 붕괴 직전이던 1986년 4월 26일 체르노빌 인근의 핵 발전소에서 실험 중 사고가 터졌고. 사고는 수습할 수 없을 정도로 일파만파로 진행되었다. 국제 핵사고 척도에서 최고인 7등급을 기록한 대형 참사였는데, 2011년 일본 후쿠시

∧ 포딜 지구에 있는 국립 체르노빌 박물관 입구에는 희생자를 추모하는 '기도하는 여인상'이 있어 방문자를 숙연하게 한다.

마에서 똑같은 등급의 사고가 발생하기 전까지는 역대 최악의 사고였다. 소련 당국은 은폐에 급급했지만, 멀리 스웨덴에서 대량의 방사능이 검출되는 바람에 이 사고는 곧 전 세계에 알려졌다.

사고 후 엄청난 수습 비용은 유가 하락과 군비 경쟁으로 가뜩이나 경제난에 시달리던 소련 체제에 치명타를 가했다. 사고 당시 소련 공산당 서기장이던 고르바초프는 훗날 외신과의 인터뷰에서 소련 국가 예산 전체와 비슷한 액수가 사고 수습에 투입되었다고 말했다. 물론 당시 복구 비용이 180억 루블, 달러로는 3,600억 달러 정도였음을 감안하면 고르바초프의 주장은 과장되었을 가능성이 크다. 사고 후 5년 8개월

∧ 체르노빌 박물관에는 당시 사고로 희생된 어린이들의 사진을 모자이크처럼 합성한 거대한 사진 앞에 사고 현장의 유물을 전시해 놓았다.

이 지난 후 소비에트 연방은 해체됐다. 하지만 체르노빌의 참사는 아직도 진행형이다.

사고 후 방사능은 체르노빌 인근 지역뿐 아니라 영국, 스웨덴, 이탈리아 등 유럽 전역으로 날아갔다. 사고 발생 직후 바람이 북쪽으로 부는 바람에 벨라루스의 피해가 특히 컸다. 당시 발생한 낙진의 70% 정도가 벨라루스 땅에 떨어진 것으로 추산된다. 지금도 대략 벨라루스 땅의 4분의 1 정도는 사람이 살 수 없는 죽음의 땅으로 변했다고 한다. 그런데도 벨라루스의 수도 민스크를 방문했을 때 체르노빌과 관련된 어떤 기념비나 박물관도 없다는 점이 의아했다. 오염 지역에 대한 통제도 느슨했다.

∧ 체르노빌 박물관에는 사고 수습에 참여했다 희생된 작업자들의 개인 사진과 훈장, 개인 용품 등이 세세한 기록과 함께 전시되어 있다.

　　박물관 입구에는 기도를 올리는 여인의 모습을 추상화한 조각이 서 있다. 아무런 설명이 없어도 비극의 고통과 슬픔이 피부로 느껴지는 듯했다. 박물관 전시물은 1986년 참사의 비극과 그 파급 효과를 가감 없이 전하고 있었다. 각종 영상 자료와 소품, 모형 등을 다각도로 활용해서 전시했는데, 슬픔과 절망, 비극 속의 용기 등 표현하긴 어렵지만 복합적인 느낌이 강렬하게 전해졌다. 사고 과정에 관한 자세한 설명도 있었는데, 영어로 된 해설이 짤막할 뿐 아니라 전문적 내용이 많아 이해하기는 어려웠다. 하지만 이 사고가 초래한 사회적, 개인적 피해는 전시물만 보아도 뼛속 깊이 느낄 수 있었다.

　　사고는 전형적인 인재였다. 더구나 전례가 없는 대형 사고

∧ 체르노빌 박물관에 전시된 세상에서 가장 슬픈 장난감들. 희생된 어린이들이 갖고 놀던 인형들을 모아 놓은 전시물도 있다.

이다 보니 수습 과정도 어설펐다. 소련 정부는 연방 전역에서 차출한 60만 명의 인력을 투입했다. 이들은 제대로 된 보호 장비조차 없이 목숨을 건 수습 작업에 나섰다. 전시물의 상당 부분은 죽음의 복구 작업에 참여한 소방관이나 군인들의 개인 사진과 소지품, 기록이었다. 박물관에는 이들에게 수여된 훈장도 전시되어 있었다. 사고 발생 후 몇 년도 채 지나지 않아 소련이 붕괴하고 독립한 공화국들이 경제난에 시달리게 되자 훈장 수여자 가족은 이 훈장까지도 푼돈에 내다 팔았다. 이 훈장은 호기심 어린 외국인들에게 수집용 기념품으로 유통됐다. 박물관의 전시가 비극적으로 느껴진 것은 역사책에나 나오는 거창한 역사적 사건이 아니라 누군가의 남편이자 아버지인 평범한 사람들이 운명처럼 감당해야 했던 비극을 담담히 재현했기 때문이다.

전시물 중에서 가장 충격적인 장면은 당시 희생된 어린이들의 사진을 모자이크처럼 합성한 전시물이었다. 거대한 사진 모자이크 앞에는 사고 현장에 남아 있던 어린이용 자전거가 덩그러니 놓여 있었다. 전시실 중간에는 자그마한 배가 천장에 매달려 있고 그 안에는 아이들이 갖고 놀던 천 인형이 수북하게 쌓여 있었다.

키이우에 다녀온 지 한참 지난 2021년 여름, 올림픽 개막식 중계를 보다가 뜻하지 않게 우크라이나의 기억을 다시 소환하게 되었다. 어느 지상파 방송사가 우크라이나를 소개하면서 대표 사진으로 체르노빌 사진을 올려 난리가 났다. 이 사진은 우크라이나인이 잊고 싶은 가장 깊은 상처를 건드린 것이다. 언론계 종사자의 문화적 편견과 무지를 무심코 드러낸 대형 방송 사고였다. 하지만 따지고 보면 일반인이 익숙하지 않은 나라를 대하는 태도도 이 수준이 아닐까 하는 생각이 들었다. 독립 후 열정적으로 추진해 온 소비에트 유산 청산으로 덮기에는 이 나라 사람들이 극복해야 할 고난의 기억이 아직 너무 강한 것 같다. 유럽이라고 해도 우크라이나 같은 주변국은 너나없이 깊은 상처의 기억을 안고 있다.

우크라이나는 아직 한참 성장하는 신생국이다. 하지만 키이우나 오데사, 르비우 등 주요 도시를 다니면서 빈곤의 흔적을 느끼기 어려웠다. 온갖 장애 속에서도 찬란한 역사의 유산이 너무나 인상적이었고 미래를 향한 이들의 강렬한 꿈도 엿볼 수 있었다. 다음 여행에서는 이들이 꿈꾸면서 준비하는 미래의 아름다운 유럽 국가를 꼭 눈으로 확인할 수 있었으면 한다.

3

동슬라브의 낭만 도시,
오데사와 르비우

우크라이나 Ⅱ

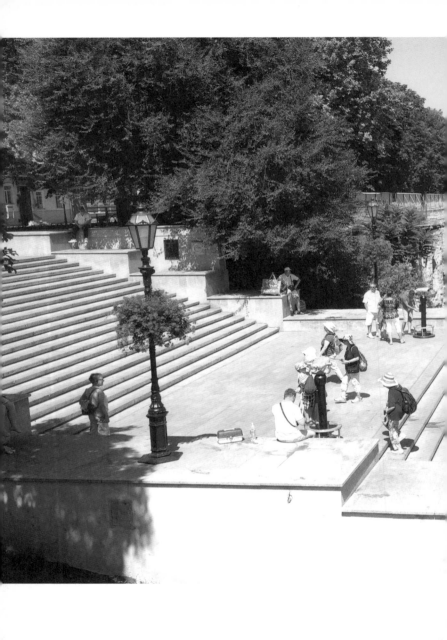

∧ 오데사의 포템킨 계단은 볼셰비키 혁명사와 세계 영화사에서 모두 주요 배경으로 등장하는 명소다.

르비우의 리녹 광장은 사방으로 길이 나 있다.
동쪽 골목 끝에 높은 교회 종탑이 보이고, 트램
궤도 위로 주민이 자전거를 타고 지나가고 있다.

키이우에서 일정을 마친 후 오데사와 르비우에 가기 전 잠시 아제르바이잔 바쿠에 다녀오기로 했다. 저렴한 비행기 표에 맞춰 일정을 짜다 보니 여행 경로가 기이하게 된 것이다. 지나고 보니 이 우연한 결정은 여러모로 잘한 선택이 되었다. 같은 우크라이나 영토에 있으면서도 오데사와 르비우는 키이우와 전혀 다른 나라 같은 느낌을 주는 개성 있는 도시였다. 좀 더 자유롭고 다양한 문화가 뒤섞여 공존하면서 유럽 도시의 정신이 살아 있는 곳 같았다. 하지만 여러 주변 강대국의 영향력이 교차하는 지점에서 이 두 도시가 겪어야 했던 역사의 빛과 그림자가 이처럼 독특한 도시 문화를 낳았을 것이라는 데 생각이 미치자, 왠지 모르게 애잔해졌다.

바쿠를 떠나 다시 오데사로 오는 항공편에 몸을 실었다. 오데사도 우크라이나의 한 도시이긴 하나 흑해를 낀 해안 도시라 상당히 다른 분위기일 것이라고 기대했다. 비행기에서 내리니 공항 청사는 국제공항임에도 생각보다 작고 허름했다. 짐을 찾아서 밖으로 나오니 바깥에는 이미 어둠이 짙게 깔리고 거리에는 불빛만 요란했다.

공항에서 호텔로 오는 길에서 본 오데사의 거리는 항구 도시 특유의 혼잡하고 통속적인 분위기가 물씬했다. 바다의 짠 냄새가 배인 듯한 밤공기에는 약간은 퇴폐적이면서도 자유분방한 느낌이 났다. 차창 밖으로 거리를 내다보니 번쩍이고 요란한 술집 간판과 마구 주차된 차 등은 오래전 부산의 여름 해수욕장이 생각나게 했다. '통속적인' 도시 분위기에 잠시 젖어 들면서 키이우의 화려하면서도 무겁고 어두운 분위기를 털어 버릴 수 있었다. 웬만한 명소는 모두 걸어서 다니려고 숙소는 오데사 시내 중심부에 잡았다. 호텔에 들어서니 방은 휑하니 크고 천장은 높아서 을씨년스럽기까지 했다. 긴 하루가 끝났다는 안도감과 더불어 이제 드디어 우크라이나에서도 '변방'에 왔구나 하는 생각이 문득 떠올랐다.

러시아 제국의 향기

다음날 아침 흑해의 여름 햇살 때문인지 새벽같이 잠이 깼다. 아침 요기를 위해 로비로 내려갔더니 광장 맞은편 카페로 가라고 했다. 흑해의 강렬한 햇살이 비치는 2층 창가에 앉아 낯익은 유럽식 메뉴와 함께 커피 향을 음미했다. 카페 벽에 붉은색 과일을 채운 유리병이 가득 진열되어 있어 종업원에게 물어보니 로컬 음료인 콤포티라고 했다. 사과와 딸기를 재워 숙성시킨 이 붉은색 음료는 새콤달콤해 어쩐지 오데사의 여름 햇살과 잘 어울린다고 생각했다. 오데사에 머무는 동안 식사 때마다 얼음을 채운 콤포티를 음미하면서 부산의 여름 바다를 떠올렸다.

얼마 머물지 않았지만 같은 우크라이나 땅이면서도 키이우가 좀 더 무겁고 진지한 역사책을 보는 느낌이라면 오데사에서는 가벼우면서도 묘한 해방감을 주는 통속 드라마 같은 느낌이 들었다. 느지막하게 호텔을 나와 오데사 항구 쪽으로 걸음을 옮겼다. 인구가 100만 명이 넘는 도시지만, 오데사는 오랜 시간을 투입해야 할 만한 볼거리는 많지 않다. 여기서는 거리를 거닐면서 거리 구석구석에 얽힌 사연에 귀 기울이는 그런 느긋한 투어가 더 어울린다.

오데사 구도심을 돌아보면서 다른 우크라이나 도시보다는 자유분방한 남유럽 지중해 도시의 분위기를 느꼈다. 이 도시의 역사를 훑어보면 그런 인상을 받게 되는 것도 무리는 아니다. 오데사 인근 지역은 북쪽의 초원 지대와 흑해 연안 지역을 잇는 요충지에 있어 고대부터 사람이 정착한 곳이다. BC 6세기 이전부터 그리스인이 이곳에 정착해 도시를 건설했다고 한다. 중세에는 수많은 유목 민족이 지배했고, 리투아니아 공국과 폴란드 왕국, 오스만 제국도 이 땅을 지배하면서 자취를 남겼다. 14세기 이탈리아인의 항해 지도에는 도시 국가 제노바 공화국의 식민지 근거지인 기네스트라성이 이곳에 있었다고 나와 있다. 그러다가 1792년 러시아 제국이

260여 년간 이 땅을 지배하던 오스만을 몰아내고 새로운 지배자가 되었다.

이곳은 도시 규모로만 보면 오랫동안 한적한 어촌 마을에 지나지 않았지만, 18세기 말 갑자기 현대적 모습의 도시로 탈바꿈한다. 1794년 예카테리나 여제의 칙령에 따라 터키군 요새가 있던 자리에 오데사시가 창설되면서 현재의 모습을 갖추기 시작했다. 새로운 도시의 공식 이름은 이듬해에 오데사로 정해졌다. 오데사라는 이름은 그리스 식민지 도시 오데소스Odessos에서 따온 것이다. 오데소스의 실제 위치는 좀 더 남쪽으로 내려가 지금의 불가리아 땅에 있었는데, 당시 사람들이 착각해서 그런 이름을 붙였다. 역사적 사실 여부와 상관없이 오데사라는 이름은 이 도시가 설립 초기부터 러시아의 도시에 그치지 않고 코스모폴리탄한 성격을 띠었음을 보여준다. 도심 프리모르스키 거리의 언덕에서 항구를 향해 서면 비탈 언덕에서 발굴 중인 성터 비슷한 유적이 보인다. 그리스 공원이라는 팻말이 붙어 있는 것으로 보아 아마 고대 그리스인이 정착했던 흔적인 듯싶다. 근대 도시 오데사에 숨어 있는 오랜 기원을 보여 주는 발굴 작업인 셈이다.

19세기에 이르러 러시아 황실이 도시를 건설한 만큼, 오데사 구도심은 제정 러시아 말기의 건축이 즐비하다. 제정 러시아에서 네 번째로 큰 도시 위상에 걸맞게 유럽 건축가들을 초빙해 당시 유행하던 고전주의, 아르 누보, 르네상스 양

∧ 데리바시프스카 거리는 보행자 전용 도로로 길 양쪽에 보리수나무가 그늘을 드리운 도심 휴식 공간이다.

식 등을 자유롭게 가미해서 지었기에 오데사 구도심은 유럽 도시의 분위기를 진하게 풍긴다. 이 건물들로 가득 찬 거리를 돌아보면서 19세기의 유럽 왕족과 귀족은 어떤 나라에 살든 비슷한 가치와 감각을 공유한 공동체였다는 생각이 들었다. 오데사는 처음 와보는 우크라이나 도시지만 다른 서유럽 도시에 온 것 같은 기시감이 종종 강하게 들었다.

도심의 주요 볼거리는 서로 멀지 않은 데리바시프스카 거리와 프리모르스키 거리 두 곳에 몰려 있다. 데리바시프스카 거리는 보행자 전용 도로로 길 양쪽으로 보리수나무가 그늘을 드리운 도심 휴식 공간이다. 거리의 서쪽 끝에는 잘 가꾼 자그마한 유럽식 정원이 조성되어 있다. 여름이면 많은 사람

∧ 데리바시프스카 거리에는 제정 러시아 시절에 유행하던 다양한 유럽 건축 양식의 건축물이 양쪽에 늘어서 있다.

이 카페와 술집 야외 테라스에서 시간을 보내고 여기저기 아이들이 뛰노는 소리가 들리며, 거리 악사들의 공연도 볼 수 있다.

이 거리에서 러시아 시절의 흔적을 보여 주는 대표적인 건물로는 파사주 아케이드가 유명하다. 도로변의 평범해 보이는 건물 입구로 들어가면 통로를 따라서 좌우에 파스텔톤의 벽에 화려한 장식을 덧붙인 건물이 늘어서 있고 그 위를 유리 천장이 덮고 있다. 아케이드 안에는 파사주 호텔과 상점, 식당이 늘어서 있다. 물론 이탈리아 밀라노의 아케이드만큼 규모가 크지는 않지만 19세기 말 유행하던 네오르네상스 건축 양식을 잘 보여 주는 건축물이다.

\> 파사주 아케이드 입구의 장식.
∨ 파사주 아케이드의 내부는 파스텔톤의 벽에 네오르네상스 양식의 정교한 조각으로
장식되어 있다.

데리바시프스카 거리에서 인적이 뜸한 동쪽 끝에는 호세 데 리바스Jose de Ribas의 동상이 있다. 호세는 스페인 출신이면서도 러시아군에 복무한 장군이다. 터키군을 물리치고 오데사 땅을 차지하는 데 큰 공을 세웠고, 오데사라는 도시를 사실상 처음 세운 인물이다. 러시아에서는 오시프 미하일로비치 데리바스로 불렸는데, 데리바시프스카 거리는 그의 러시아식 이름을 따서 붙인 것이다. 데리바스 가문은 이 거리에 개인 정원을 지어서 소유하다가 오데사시에 기증했는데, 앞서 본 유럽식 정원이 데리바스 가문의 기증품이다.

데리바시프스카 거리는 서쪽 끝에서 프레오브라젠스카 거리와 만난다. 여기서 인도는 끝나는데 좌회전을 해서 새 거리로 접어들자 주변은 트램 공사로 온통 어수선했다. 오데사는 유럽 도시에 걸맞은 모습으로 단장하기 위해 곳곳에서 열심히 공사 중이었다. 여기서 조금만 더 가면 소보르나 광장이 나온다. 광장에는 화려한 장식도 없이 단아한 파스텔색 벽과 짙은 녹색 돔으로 된 정교회 성당이 서 있다. 정식 명칭은 예수의 부활 후 변모를 기념하는 '영광스런 변모 Transfiguration' 성당이지만 대개 거리 이름을 따서 프레오브라젠스키Preobrazhensky 성당이라 불린다. 오데사에서 최초이자 가장 중요한 성당으로 유명해 이 지역에서 이 성당을 모방한 아류 건물이 여럿 세워지기도 했다.

프레오브라젠스키 성당은 1794년에 지었으니 오데사

< 프레오브라젠스카 거리에 있는 영광스런 변모 성당은 1794년에 건설된 도시 랜드마크다. 소련 시절 파괴된 후 2003년 복원되었다.

의 탄생과 더불어 역사를 함께한 도시의 산증인이다. 그런데 1936년 소비에트 당국이 이 성당을 다이너마이트로 폭파해 버려 도시의 명소는 흔적도 없이 사라졌다. 하지만 우크라이나 독립 후 1999년부터 복원 공사를 시작해 2003년에 봉헌 미사를 올렸다. 성당 앞에는 초창기 오데사의 총독이던 보론초프 동상이 서 있다. 성당에는 보론초프 부부의 유해가 안장되어 있다.

오던 길을 되돌아서 오데사의 또 다른 명소인 프리모르스키 거리를 향해 걷다 보면 도중에 만나게 되는 건물이 오데사 국립 오페라 발레 극장Odessa National Academic Theatre of Opera and Ballet이다. 1887년에 완공된 건축학적 걸작으로 세계에서 가장 아름다운 오페라 하우스 중 하나로 꼽힌다. 외부는 네오바로크 양식으로 지었고, 내부는 화려한 로코코 양식으로 장식되어 있다. 마치 프랑스나 이탈리아 도시의 고건축을 옮겨놓은 듯해 유럽 냄새가 물씬하다. 이 극장은 특히 무대의 숨소리까지 객석에 전해질 정도로 음향 설계가 뛰어난 것으로 유명하다.

오페라 하우스를 지나치면 가로수 그늘로 덮인 보행자 전용 도로가 다시 시작된다. 이곳이 바로 오데사의 얼굴처럼 통하는 프리모르스키 거리다. 거리의 시작 지점에는 흰색과 연분홍색을 칠한 나지막한 열주식 건물이 눈에 띈다. 볼셰비키 혁명 전에는 증권거래소였다가 소련 시절에는 지역 소비에트

< 오데사 국립 오페라 발레 극장. 19세기 말의 유럽풍 건물로 외부는 네오바로크 양식, 내부는 화려한 로코코 양식으로 장식되어 있다.

본부로 바뀌었으며 지금은 시청 건물로 활용되고 있다. 건물 앞에는 오래된 대포가 바다를 향해 설치되어 있고 그 옆에는 이곳에서 가장 인기 있는 사진 촬영 장소인 푸시킨 동상이 서 있다. 그냥 지나치기 쉬운 자그마한 동상인데, 사진 찍는 사람들이 많아 발견하게 됐다.

가로수 그늘이 시원하게 드리어 있고 벤치도 여기저기 있어 마치 공원 같은 보행 도로를 따라 좀 더 걸어가면 뜻밖에도 프랑스인의 동상이 나온다. 동상의 주인공 뒥 드 리슐리외Duc de Richelieu는 이름처럼 원래 프랑스 귀족이었는데 프랑스 혁명을 피해 러시아로 망명해 러시아 군대에 복무했다. 1803~1814년에 오데사의 초대 총독으로 도시의 기틀

∧ 프리모르스키 거리 초입에 있는 이 열주식 건물은 현재 오데사 시청이다. 그 앞에는 러시아의 문인 푸시킨의 동상이 있다.
> 드 리슐리외 동상. 드 리슐리외는 프랑스에서 러시아로 망명한 군인 출신으로 오데사 건설에서 주역을 담당한 인물이다.

∧ 프리모르스키 거리는 가로수 그늘이 드리운 공원 같은 보행자 전용 도로다. 여기에 그 유명한 포템킨 계단이 있다.

을 잡았다. 지금과 같은 도시의 기본 구조를 설계하고 기반 시설을 조성한 인물이니 그 공을 기려 1828년 이 자리에 동상을 세운 것이다. 리슐리외 동상 뒤로는 예카테리나 광장이 있고 여기에 오데사 개척을 결정한 여제의 동상이 서 있다. 동상에서 거리를 따라 다시 끝까지 가면 보론초프 궁전 Vorontsov Palace이 나오는데 보수 공사 중이라 문이 닫혀 있었다. 1826년 고전주의 양식으로 지은 건물로 당시 오데사의 세 번째 총독인 보론초프의 관저였다고 한다.

오데사 구도심에는 이처럼 황제, 군인, 정치가를 기념하는 유적이 많다. 제정 시대에 인적 드문 변방에 새로 도시를 개척했기 때문에 그럴 것이다. 말하자면 19세기에 제국의 황실이 일종의 전략적 '국책 사업'으로 조성한 도시가 오데사였다. 하지만 비교적 신생 도시인 오데사는 세월의 흔적이 쌓이면서 이제는 제법 고풍스럽고 세련된 유럽 도시의 느낌이 난다. 따지고 보면 오데사를 방문하는 사람 중에서 리셸리외든 데리바스든, 예카테리나든 동상의 주인공이 누구인지 신경 쓰는 사람이 몇이나 되겠는가? 그냥 자유분방한 휴양 도시에 남은 고풍스러운 유적이자 사라진 제국의 향기로만 기억하지 않을까?

영화와 문학의 거리

프리모르스키 거리 한가운데에서 바다 쪽으로 시선을 돌리면 이 도시에서 가장 유명한 장소인 포템킨 계단이 내려다보인다(원래 러시아어로는 뽀춈킨이 더 가깝다). 제정 러시아 말기이던 1905년 오데사에서 노동자 봉기가 일어나고 러시아 전함 포템킨에서 해군 수병들이 반란을 일으킨다. 반란은 실패했지만 이후 볼셰비키 혁명이 성공하고 소련이 건국되면서 이 사건은 소련사에서 획을 그은 사건으로 재조명되었다.

소련의 영화감독 세르게이 에이젠슈타인Sergei Eisenstein은 〈전함 포템킨The Battleship Potemkin〉에서 오데사 봉기와 진압 장면을 생생하게 재현했다. 그가 역사적 사건을 극적으로 묘사하는 데 사용한 '몽타주' 기법은 영화 관련 책마다 빠짐없이 나올 정도로 유명하다. 덕분에 우크라이나를 모르는 사람도 오데사는 기억한다. 그런데 어디까지나 영화는 영화일 뿐 현실과 좀 거리가 있다. 당시 러시아군이 시위에 참여한 시민을 학살한 것은 사실이지만, 비극의 현장은 영화에서와 달리 계단이 아니라 오데사의 길거리였다. 그러나 전 세계인은 픽션에 불과한 계단 학살 장면을 상상하면서 이 계단에서 감회에 젖는다. 오데사시 정부도 대중의 착각을 굳이 바로잡으려 하지 않는 듯하다.

포템킨 계단 위에 서면 아래로 항구의 모습이 한눈에 시원하게 들어온다. 하지만 계단 위의 전망은 사실 낭만적인 모습과는 거리가 멀다. 크레인과 컨테이너가 널린 분주한 부두를 바라보면서 예전의 부산항 부두 모습이 떠올랐다. 이 계단은 도시 설립 당시 총독 공관과 주요 공공건물을 맡았던 프란체스코 보포Francesco Boffo가 설계해서 1841년 완공한 '작품'이다. 원래 200계단으로 쌓았지만 지금은 192계단만 남아 있다. 계단을 오르내리기 싫어하는 도시인이나 노약자용으로 계단 옆에는 짧은 거리를 승강기가 오간다. 재미 삼아 편도만 타보았는데, 감상을 느낄 새도 없이 탑승은 순식간에 끝나 싱겁기 짝이 없었다.

전함 포템킨 선상 반란은 20세기 세계사를 바꿔 놓은 볼셰비키 혁명의 단초이자 영화사에서도 획은 그은 사건이었다는 점만으로도 흥미로운 주제였다. 그런데 이 전함 이름의 주

∧ 포템킨 계단 위에 서면 항구의 모습이 한눈에 들어온다.

인공 포템킨은 과연 어떤 인물이었을까? 자료를 찾아보다가 예상을 벗어나는 특이한 이력을 알게 되었다. 그리고리 포템킨Grigory Potemkin은 러시아의 군인으로 크림반도 합병과 러시아-터키 전쟁(1787~1792) 승리를 주도한 인물이었다. 이후에는 새로 합병한 크림 지역의 총독을 지내는 등 정치인으로도 출세 가도를 달렸는데, 당시 예카테리나 여제의 애인으로서 총애받은 것으로 알려졌다. 보통 전함에는 군인으로서 귀감이 될 만한 인물의 이름을 붙이는데, 포템킨은 그 점에서 논란이 많은 사람이었다. 포템킨은 열정과 변덕, 방탕함과 부지런함 등 종잡을 수 없을 정도로 양극단의 성격을 지녔고, 수많은 여성 편력과 도박, 부에 대한 탐욕 등 여러모로 문제가 많은 인물이었다. 평가는 극과 극으로 갈렸지만, 적어도 최고 권력자의 마음을 사로잡는 재주가 있었고, 여성에게도 대단히 인기 있는 인물이었다고 한다.

포템킨은 정치적 처세술에서만은 남다른 재주를 지녔는데, 이를 잘 보여 주는 일화가 있다. 1787년 예카테리나 여제가 새로 합병한 남부 지역을 6개월 동안 순시하기로 했다. 황제는 호화로운 함선을 타고 드니프로강을 따라 내려가면서 여러 지역을 방문했는데, 포템킨은 여러 중간 기착지에 황제에게 보여 줄 가짜 마을을 임시로 조성했다. 마을을 영화 세트처럼 겉보기에만 번듯하게 꾸민 후 부하들에게 농부 옷을 입혀 마을 주민처럼 위장시켰다. 황제가 떠난 후에는 다음 장소로 세트를 옮겨 새로 마을을 조성하는 수법을 썼다. 황제가 흡족해한 것은 물론이다.

이 일화에서 어디까지가 역사적 사실인지에 대해서는 물론 역사학자들 사이에 논란이 있다. 하지만 어쨌든 '포템킨 부락Potemkin village'은 불리하거나 열악한 상황을 은폐하기 위해 인위적으로 조성한 위장 시설을 의미하는 정치 용어로 굳어졌다. 달리 생각해 보면 포템킨처럼 출세 지향적이고 논란의 인물을 당시로서는 최신 전함 이름에 붙일 정도라면 러시아 군대의 기강이나 제국의 정신 역시 허물어지고 있었다고 봐야 할 것 같다. 어쩌면 포템킨호 선상 반란에서 러시아 제국 붕괴로 이어지는 역사적 경로는 이미 포템킨이라는 이름에 불길한 전조처럼 내재했는지도 모른다.

오데사에는 러시아 문학의 흔적도 진하게 남아 있다. 오데사 구도심에 즐비한 제정 러시아의 건축물과 조각 가운데 푸시킨의 동상이 있다. 1823년 푸시킨은 삐딱한 풍자시를 썼다가 황제의 노여움을 사 오데사로 '유배'당했다. 그래서 당시 변방이던 오데사에 1년 남짓 살게 되었고 덕분에 그 흔적이 남았다. 하지만 러시아 귀족 사이에 유명 휴양지이던 이 도시로 유배를 보냈다는 사실은 뜻밖이었다. 모스크바 바깥으로 쫓아냈을 뿐이지, 귀족인 푸시킨에게 가혹한 형벌을 내리지 않은 것이다. 특별 대우인지 당시의 정치 관행이었는지는 모르겠다.

프리모르스키 거리에서 남쪽으로 조금만 걸어가면 푸시킨 박물관Alexander Pushkin Museum이 있다. 말이 박물관이지 사실은 푸시킨이 오데사로 유배를 온 뒤 잠시 머물렀던 곳일 뿐이다. 박물관에 도착했더니 문이 닫혀 있었다. 분명 출입구에 적힌 점심시간이 한참 지났는데도, 아직도 직원이 돌아오지 않은 모양이다. 우여곡절 끝에 느지막하게 직원이 나타나 박물관에 입장하긴 했지만, 내부는 의외로 너무 싱거웠다. 박물관은 푸시킨의 흔적을 느낄 수 있는 원고나 편지, 소품 따위를 전시해 놓았다. 전시물은 진위를 알 수 없는 사소한 물건들인 데다 그나마 모두 러시아어로 되어 있었다. 그렇지만 푸시킨의 작품을 좋아하는 사람에게는 그의 체취를 상상해

∧ 푸시킨 박물관은 오데사로 유배를 온 푸시킨의 체취를 느낄 수 있는 그 시대 소품
들과 푸시킨의 저술이나 원고, 편지 등이 전시되어 있다.

볼 수 있는 의미 있는 장소다. 푸시킨은 오데사에서의 짧은 유배 생활 중에도 집필을 계속했다. 이처럼 유명한 인물이 한때 오데사 시민이었다는 사실에 이곳 사람들은 무한한 자부심을 느끼고 있다.

푸시킨이 오데사에 머무는 동안 이런 일화도 있었다고 한다. 보론초프 궁전의 주인공이 당시 오데사 총독으로 있을 때 일이었다. 이 총독은 비록 유배를 온 신세이긴 하나 모스크바의 유명인사이자 전국적 거물인 푸시킨을 얕잡아보고 그에게 허접한 말단 공무원 업무를 맡겨 모욕을 주었다. 그 때문인지는 모르나 푸시킨은 얼마 후 총독 부인을 비롯해 다른 귀족 부인과도 염문을 뿌려 총독에게 공개적인 망신을 주었고, 이를 소재로 또 풍자시를 써서 너무나 푸시킨다운 방식으로 '복수'했다. 푸시킨은 얼마지 않아 오데사에서도 추방되었다.

휴양 도시와 난개발

오데사는 제정 러시아 시절부터 유명한 휴양지였다. 혹독한 겨울 날씨로 악명 높은 범러시아권에서 오데사는 천국과 같은 곳이다. 흑해를 낀 이 해변 도시는 사계절 날씨도 '비교적' 온화하고 겨울에도 바다가 얼지 않는다. 덕분에 여름이면 북쪽에서 몰려든 휴양객으로 넘쳐난다. 오데사 인근에는 유명한 해변이 많다. 멀리 흑해 연안 도시까지 왔으니 그중 한 곳

을 가보기로 했다.

여행서에서는 아카디아Arcadia 해변이 가장 유명하다고 했다. 우선 이름이 마음에 들었다. 아카디아라면 그리스 신화에 나오는 야생과 목축의 신, 판Pan이 사는 곳이 아닌가? 유럽의 예술가들은 아카디아를 오염되지 않은 조화로운 야생의 땅으로 그렸다. 나는 해운대의 난개발이 늘 못마땅했다. 어쩔 수 없이 해운대를 가게 되면 달맞이 언덕을 끼고 하늘 높이 솟은 두 초고층 빌딩을 애써 외면하곤 했다. 멀리 흑해 연안에서 오염되지 않은 자연의 해변을 거닐어 보는구나 하는 기대에 은근히 가슴이 설레었다.

분명 시내에서 5번 트램을 타면 된다고 들었는데 주변을 둘러보아도 그런 트램 정거장은 안 보인다. 구도심의 모차르트 호텔 부근에 이르렀을 때 종업원에게 길을 물어보았다. 이 친절한 젊은이는 137번 버스를 타라고 하더니 아예 지나가는 버스를 세워서 태워 준다. 얼마 후 종업원이 일러준 대로 버스에서 내렸는데 목적지가 예상보다 좀 멀었다. 덕분에 해변을 향해 한참을 걸었다. 그런데 갈수록 분위기가 이상하다. 분명히 해변이 나와야 하는데 마치 홍대 앞이나 부산 서면 뒷골목 같은 유흥가 형태의 거리만 이어졌다. 종업원들의 호객 소리를 무시하고 꿋꿋하게 해변으로 향했다. 마침내 눈앞에 흑해의 푸른 수평선이 펼쳐졌다.

잠시 눈을 의심했다. 해변은 온갖 상업 시설이 차지하고

< 아카디아 해변은 상업 시설들이 해안가를 온통 점유하고 있다.

해수욕이 가능한 모래사장은 손바닥만 했다. 바닷가에는 호텔이나 클럽 전용의 좌석과 풀장이 빈틈없이 들어서 있었다. 이런 몰골이 새로운 자본주의 물결이 낳은 소산인지, 아니면 소련 시절부터 그랬는지는 모른다. 입구에서 해변으로 오면서 본 다양한 가게들의 성격으로 보아 아마 자본주의화 이후에 난개발이 본격화한 것 같다. 아카디아는 무슨 당치 않은 이름인가? 그런데 나중에 알고 보니 아카디아는 현지에서 비치 클럽과 카페 등 야간의 유흥지로 손꼽히는 곳이었다.

다시 오데사로 돌아오기 위해 정류장으로 향했다. 일단 시내로 가는 5번 트램을 타고 도중에 다른 버스로 갈아타기로 했다. 트램에서 내렸을 때 길 건너에 낯익은 오벨리스크 형태의 기념물이 눈에 들어왔다. 기념비 꼭대기에는 커다란 별이 붙어 있고, 기단으로 올라가는 입구 양쪽에는 1941과 1944라는 숫자를 새긴 돌이 놓여 있었다. 한눈에 봐도 소련의 2차 세계 대전 추모비였다. 전쟁 중 오데사에서 전사한 무명의 해군 병사들을 추모하기 위해 지은 시설이라고 한다. 마치 여름 휴양지처럼 전혀 어울리는 않는 곳에 있는 대규모 추모비는 예상 밖의 발견이었다.

사실 자유분방한 휴양 도시 분위기의 오데사에서 전쟁의 자취를 느끼기는 어렵다. 하지만 2차 세계 대전 당시 오데사는 가장 치열한 전쟁터 중 한 군데였다. 1945년 5월 1일 스탈린은 종전을 기념하는 연설에서 전쟁 중 영웅적 투쟁을 칭송

∧ 오데사는 2차 세계 대전의 치열한 전쟁터로 전사자를 기리는 소련 시절의 추모비가 들어서 있다.

하면서 소비에트 도시 네 곳을 '영웅 도시'로 불렀는데, 오데사도 그중 하나였다. 1965년 오데사는 공식적으로 11군데 다른 도시와 더불어 '영웅 도시'로 추대된다. 지금 바로 내 눈앞에 서 있는 붉은 대리석 오벨리스크는 소련 정부가 공식적으로 수여한 영웅 도시의 표시다.

오데사에는 2차 세계 대전의 또 다른 흔적이 남아 있다. 19세기 러시아 시절 도시를 조성하면서 당시 인근 지역에서 나는 석회석을 건축 자재로 많이 사용했다. 자재를 채굴한 후 버려진 지하 공간은 미로처럼 얽힌 터널의 망으로 변

했다. 간혹 밀수꾼의 아지트로나 사용될 뿐 오랫동안 방치됐던 이 거대한 동굴은 2차 세계 대전 때 파르티잔 게릴라의 은신처이자 주민의 방공호 구실을 했다. '오데사 카타콤Odessa Catacombs'으로 불리는 이 동굴은 지금은 호기심 어린 단체 관광객의 투어 코스로 활용된다.

호텔로 돌아온 후 잠시 쉬다 보니 허기가 졌다. 해변 도시에서 눈으로 맛보지 못한 바다를 혀끝으로나마 달래기로 했다. 데리바시프스카 거리의 시립 정원 한편 담쟁이덩굴로 덮인 식당에서 어종은 알 수 없으나 '비치키'라고 부르는 현지 생선과 홍합 요리로 흑해의 바다 향기를 음미했다. 식당을 나서니 어둠이 깔린 거리는 온통 축제 분위기다. 데리바시프스카 거리에는 거대한 호박이나 과일 모양의 등불이 불을 밝혔고 거리는 들뜬 나들이객과 관광객으로 가득했다. 오데사는 역시 이런 흥청망청한 분위기가 잘 어울린다. 무거워지려는 기분을 애써 누르며 이 해변 도시의 거리 분위기에 몸을 맡기기로 했다.

코스모폴리탄 도시의 이면

'주요' 일정을 마치고 나니 딱히 갈 만한 데가 없었다. 여행서를 뒤적이다 보니 오데사 유대인 역사 박물관이 눈에 띄었다. 지도에 나와 있기는 해도 그다지 알려지지 않은 곳인지 정

< 데리바시프스카 거리는 저녁 어스름이 되면 주민들이 모여 들어 흥겨운 여름밤의 분위기를 자아낸다.

작 박물관을 찾기는 쉽지 않았다. 인적 끊긴 낡은 주택가 골목길을 헤매다가 주소를 발견하고는 허름한 건물 뜰 안으로 들어섰다. 뜰 한가운데는 오래 사용하지 않은 듯 펌프가 붉게 녹슬어 망가지기 직전인 우물이 있고 주변은 허름한 건물로 둘러싸여 있었다. 한편에는 고양이 한 마리만 한낮의 그늘 아래에서 한가하게 졸고 있었다. 한쪽 벽에 자그마한 팻말이 붙어 있어 들여다보니 여기가 그 '박물관'이 맞는 것 같았다. 팻말에 적힌 대로라면 분명히 아직 영업시간인데 문은 굳게 잠겨 있었다. 푸시킨 박물관의 전력도 있고 해서 좀 더 기다릴까 하다가 그냥 돌아서 나왔다. 지금까지의 분위기로 보아서 전시물은 실망스러운 수준일 것 같은 느낌이 들었다.

돌아서 나오는데 뭔가 기분이 개운치 않았다. 오데사처럼 자유분방하고 흥청망청하는 휴양 도시에 뭔가 어울리지 않은 비밀 장소를 발견한 느낌이었다. 나중에 배경을 더 조사해보면서 유대인이라는 단어는 오데사라는 이 한때 '문명의 교차로'이자 '코스모폴리탄'하던 도시의 뒷면을 엿보는 단서와 같다는 사실을 깨달았다.

오데사가 다양한 인종의 교차로이자 문화의 용광로처럼 통하게 된 데는 도시 탄생 시점의 환경과도 관련이 있다. 오데사는 18세기 말 처음 주춧돌을 놓은 이래로 급속하게 성장하면서 부족한 인력을 유럽 전역에서 불러모았다. 오데사는 1819년부터 40년 동안 흑해의 자유 무역항으로 기능했고,

∧ 방문자가 거의 없는 한적한 주택가 한복판에 유대인 역사 박물관이 있다.

이 덕분에 한동안 엄청난 경제적 호황을 누렸다. 번영은 기회를 노리는 온갖 민족을 끌어들였다. 당시 오데사는 이민자에게 '러시아의 캘리포니아'로 통했다.

오데사는 유럽과 코카서스, 지중해 연안 전역에서 온 사람들로 북적였다. 알바니아, 아르메니아, 아제르바이잔, 불가리아, 크림 타타르, 프랑스, 독일, 그리스, 이탈리아, 유대인 등등 당시에 상상할 수 있는 모든 민족이 도시의 거리를 채웠다. 특히 19세기에는 유대인의 대규모 이주가 눈에 띈다. 2차세계 대전이 발발하기 전까지 오데사는 우크라이나에서도 유대인이 가장 많이 거주하는 도시였다. 1939년 인구 조사에 따르면 유대인은 33.26%로 러시아인(30.88%)과 더불어 오데사 주민 중 가장 큰 비중을 차지하는 민족이었다. 온갖 민족과 다양한 문화가 교차하는 오데사는 다양성과 기회, 자유가 넘쳐나는 곳으로 변했다.

2차 세계 대전은 오데사에 새로운 비극의 시작이었다. 나치 독일과 더불어 주축국이던 루마니아가 1941년 오데사를 점령한 후 특히 유대인의 희생이 컸다. 당시 오데사에 살고 있던 유대인 20여만 명 중 70~80%가 점령기 동안 희생됐다. 오데사의 번성을 주도했던 다양한 민족들은 엄혹한 시절을 거치며 대부분 사라졌다. 민족 구성으로만 보면 오데사는 이전처럼 다민족 도시가 아니다. 2015년 조사에 의하면 오데사 주민의 68%가 우크라이나인이고 25%가 러시아인이었다. 2001년 인구 조사에서 오데사의 유대인은 1.2%에 불과했다.

20세기 중반 때처럼 다양한 민족이 어울려 살던 시절의 흔적은 도시 지도에 거리 이름으로만 남아 있다. 프란츠즈키(프랑스), 이탈리안스키(이탈리아), 예브레이스카야(유대인), 아르나우츠카야(알바니아), 그레체스카야(그리스) 거리 등의 이름만이 그 시절의 기억을 환기해 준다. 그러나 인구 구성은 바뀌었어도 과거 오데사의 전통은 보이지 않은 형태로 도시 전역에 남아 있다. 오데사에는 여전히 다민족, 다문화 공동체의 특징인 코스모폴리탄하고 개방적인 도시 문화가 형성되어 있다.

개방적인 도시 전통 때문인지 오데사에서는 어수선하고 통속적인 겉모습 아래에 자유분방함과 여유가 느껴졌다. 오데사는 유럽보다는 북미 '신세계'의 분위기를 더 풍긴다. 나는 오데사에 머물던 동안 숙소 앞 콤포트 카페를 단골처럼 드나들었다. 탁 트인 유리 창밖으로 거리가 내다보이고 종업원들은 격의 없으면서도 친절하고 영어에 능숙했다. 더운 여름날 오후 광장이 내려다보이는 카페에 앉아 시원하고 달콤한 콤포티를 홀짝이고 있으면 마치 캘리포니아에 와 있는 것 같은 착각이 들곤 했다.

중세로 시간 이동하다

오데사를 뒤로하고 마지막 목적지인 르비우로 향했다. 돌이켜보면 르비우를 우크라이나 여행에서 마지막 행선지로 정한 것은 신의 한 수였다. 여러모로 르비우는 낭만적이고 멋진 도시다. 이끼 낀 중세풍의 건물, 성당의 종소리, 자갈 포장된 골목길, 노천카페의 커피 향기, 트램 지나가는 소리가 어우러져 르비우 특유의 낭만적인 중세 도시 분위기를 자아낸다.

구도심 한복판에 숙소를 잡아둔 덕분에 호텔 출입구만 나서면 고풍스러운 시가지가 지척에 있었다. 르비우 역사 지구의 명소인 보임 경당과 라틴 성당, 리녹 광장Rynok Square(시장 광장)은 아침저녁 수시로 지나다니는 동네 구멍가게처럼 친숙하게 느껴졌다. 낡은 구시가지와 광장은 단지 유서 깊은 유적이 아니라 여전히 살아 있는 삶의 공간이다.

호텔 문을 나서는 순간 수백 년 전으로 시간 이동한 듯했다. 숙소에서 구시가지로 들어가는 입구 근처에는 작은 광장이 있고, 그 언저리에는 세월의 흔적으로 파사드(건물 전면부)가 검게 변한 작은 건물이 있다. 1615년 가톨릭 신자인 보임 가문의 교회이자 가족 묘지용으로 지었다고 해서 보임 경당 Boyim Chapel이라 불린다. 건축주인 게오르기 보임은 헝가리 왕국에서 당시 폴란드 왕국령이던 르비우로 이주한 부유한 상인이었다. 상인 출신이 지은 건물인 만큼 규모가 그리 크지는 않지만 당시 유행하던 다양한 양식을 혼합해 화려하고 정교한 장식을 가미해 지었다.

경당 남쪽 면은 이웃 주택과 맞붙어 있고 나머지 세 면에는 다양한 조각과 부조가 새겨져 있다. 동쪽 벽에는 보임 부부의 초상화로 장식되어 있고, 북쪽 벽에는 성모와 예수, 그리고 용과 싸우는 성 조지가 프레스코로 그려져 있다. 성 조지는 보임의 수호성인이기도 하다. 가장 유명한 서쪽 벽은 어지러울 정도로 많은 조각과 장식, 성경 구절이 빽빽하게 새겨져 있다. 외벽 아래층에는 여섯 개의 코린트식 기둥이 장식되어 있고 양쪽에는 사도 베드로와 바울의 조각이 있으며 여러 원형 메달 모양의 장식 안에 예언자들의 초상을 새겼다. 그 위쪽에는 여러 성경 구절을 라틴어로 적어 놓았다. 외벽 맨 위층은 성서에 나오는 예수의 수난 이야기(흔히 '십자가의 길'이라 부르는 연작 형태의 그림이다)를 생생하게 재현한 조각이 자리하고 있다.

이 고풍스러운 건물은 세월이 지나면서 검게 변색하긴 했

∧ 보임 경당의 검게 변한 서쪽 파사드에는 성서의 인물을 정교하게 묘사한 조각, 라틴어 성서 구절 등이 빈틈없이 새겨져 있다.

지만 500년 전의 모습을 여전히 간직한 채 원래 자리를 지키고 있다. 당시의 일반 민중은 글을 읽지 못했기에 성당이나 교회 외벽에 새긴 이 조각들은 민중을 위한 성서 구실을 했다. 특히 거대한 규모나 화려함으로 보는 이를 압도하지 못하는 교회 건물이라도 장식이나 양식 하나하나마다 많은 이야기와 상징적 의미를 담고 있기 마련이다. 이 자그마하고 소박

∧ 보임 경당은 리녹 광장으로 들어가는 골목길 안에 있다. 상인이 가족 교회로 세운
건물답게 자그마하면서도 정교한 장식이 가미된 멋진 건축물이다.

∧ 리녹 광장은 고풍스러운 고건물과 조각상, 노점상, 카페 등이 어우러져 관광객뿐 아니라 오데사 시민이 일상생활을 즐기는 공간이다.

하면서도 아름다운 보임 경당은 이 점에서도 구도심에 산재한 역사적 건물의 성격을 전형적으로 보여 주는 듯하다. 르비우는 거대한 제국의 권력 중심지가 아니라 소수의 귀족, 수많은 상인과 학자, 예술가의 도시였고 그들의 시각에서 도시를 건설했음을 이 아담한 유적을 통해 엿볼 수 있다.

르비우 구도심의 압권은 리녹 광장이다. 숙소를 나와 돌로 포장된 작은 골목 하나만 지나니 널찍하고 번잡한 광장이 나왔다. 네모반듯한 광장은 수백 년 된 건물로 둘러싸여 있고 한가운데는 높은 탑과 시청 건물(라투샤Ratusha)이 들어서 있다. 65미터의 탑 위에 올라가면 르비우 역사 지구의 주변 경관을 한눈에 내려다볼 수 있다. 광장 네 귀퉁이에는 그리스 신화에 나오는 인물인 넵튠, 다이아나, 암피트리테, 아도니스의 조각상이 각기 서 있어 유럽 도시 특유의 고풍스러운 분위기를 물씬 풍긴다. 발굴 작업 결과에 의하면 광장이 처음 조성된 시기는 13세기 후반 갈리치아의 레오 1세 치세까지 거슬러 올라간다고 하니, 이 광장은 도시의 탄생, 영광과 치욕의 역사를 거의 함께한 셈이다. 원래는 광장 한가운데도 집이 들어서 있었으나 1825년 화재 후 철거해 광장은 현재 모습을 갖추었다. 원래의 시청 건물은 이때 불타버려 10년 후 재건한 것이다.

광장의 네 면에는 3∼4층 높이의 고색창연한 건물 40여 채가 에워싸고 있는데, 건물의 건축 양식은 르네상스에서 고전주의, 바로크, 로코코, 아르 누보와 아르 데코, 모더니즘에 이르기까지 다양하다. 건물들은 건축 시기와 양식, 보존 상태가 제각각인데도 어쩐지 서로 잘 어울려 통일감이 있어 보인다. 주의 깊게 살펴보면 각 건물에서 광장 쪽 창문은 대부분 층마다 세 개라는 사실을 발견할 수 있다. 한때 건물의 창문 숫자별로 세금을 부과한 적이 있었는데, 세 개까지만 면세였기 때문이다. 각 건물 맨 위층 장식 띠 언저리에는 다채로운 모습의 조각이 광장을 내려다보고 있다.

광장을 둘러싼 건물 중에서 관광객에게 특히 인기 있는 장소이자 이 구역 건물의 특징을 잘 보여 주는 것은 동쪽 면 4번지에 있는 이른바 '블랙 하우스'다. 16세기 말 이탈리아

인 세금 징수인인 토마스 알베르티가 르네상스 양식으로 지은 건물이다. 전면을 사암sandstone으로 쌓았는데 세월이 지나면서 검게 변해 색깔만으로도 주변 건물 중에서 유난히 눈에 띈다. 그 이웃에 있는 6번지 건물은 그리스 상인인 코르니악트가 1580년에 지은 것인데 이후에 주인이 바뀌면서 개축을 거쳐 현재 모습을 갖추었다. 지금은 르비우 시립 박물관으로

< 리녹 광장 네 모퉁이에는 그리스 신화의 등장인물을 묘사한 조각상이 있다.
> 리녹 광장을 에워싼 많은 고건물 중에서 블랙 하우스는 검게 변한 파사드 때문에 특히 유명하다. 현재 르비우 시립 박물관으로 사용되고 있다.

사용되고 있다.

리녹 광장은 온갖 사람들로 활기가 넘쳤다. 한편에는 레스토랑의 야외 테이블에서 입맛을 당기는 음식 향기가 풍겨 오고 노점상에서 파는 커피나 과자가 코끝을 즐겁게 하는가 하면 다른 쪽에는 길거리 음악가의 즉석 공연이 펼쳐진다. 다정히 벤치에 앉아 있는 젊은 연인의 모습과 아이들 뛰노는 소리는 이곳이 그냥 외부 관광객용 유적이 아니라 르비우 시민

∧ 리뇌 광장 한편으로는 오래된 협궤 위로 트램이 덜커덩거리는 소리를 내면서 지나
간다.

에게 일상적인 삶의 공간임을 확인해 준다.

어수선한 광장 한쪽으로는 오래된 트램이 요란한 소리를
내며 지나간다. 르비우에서는 아직 궤도가 좁은 협궤 열차를
사용한다. 르비우시가 과거 오스트리아–헝가리 시절에 트램
을 도입했다는 직접적인 이유도 있고, 중세 시절부터 내려온
구도심의 좁은 거리에는 협궤 열차가 더 적합하다는 현실적
인 여건도 영향을 미쳤다. 자전거 전용 도로가 잘 갖춰진 것
도 르비우의 특징인데, 거리를 돌아다니다 보면 자전거로 순
찰 중인 경찰도 볼 수 있다. 어떻게 보면 제각각으로 어수선
하고 구닥다리인 이 모든 풍경이 여기서는 서로 어색하지 않
게 잘 어우러져 르비우 특유의 분위기를 자아낸다.

∧ 리녹 광장 동편 구도심 성벽 바깥에는 과거 화약 저장소로 사용되던 원형 벽돌 건물이 있다.

    광장에서 동쪽으로 난 길을 따라 걸으면 여러 군데의 교회 건물을 지나치게 된다. 그리고는 붉은 벽돌로 쌓은 폴란드식 성벽을 만나게 된다. 이 부분적으로 남아 있는 성벽 한편의 성문을 돌아나가면 '화약탑'이라 불리는 원형의 벽돌 건물이 보인다. 지금은 외딴 건물처럼 떨어져 있지만 한때 도시를 둘러싼 방어용 성벽의 일부였다. 다시 구도심으로 되돌아오기 위해 성벽을 따라 걷다 보니 아르세날 광장이라는 작은 빈터에는 한 손에 책을 든 성직자풍의 커다란 동상이 서 있었다. 동상의 주인공 이반 표도로프Ivan Fyodorov는 러시아 모스크바 출신으로 16세기에 우크라이나에 인쇄술을 처음 도입한 사람이다. 동상 앞에는 헌책 노점상들이 성시를 이루고

아르세날 광장에는 우크라이나에 인쇄술
을 도입한 이반 표도로프의 동상이 서 있
고, 그 앞에 헌책 노점상이 성시를 이룬다.

있었다. 책 외에도 소련 시절이나 나치 점령기의 훈장이나 동전, 기념품을 파는 장사꾼도 있었다. 대다수 책이 러시아어라서 나에겐 무용지물이지만 고서가 풍기는 특유의 좋은 느낌 때문에 한동안 주변을 기웃거렸다. 주민들이 여기저기 진열된 책을 들여다보는 동안에도 상인들은 손님에게는 눈길도 주지 않고 느긋하게 자리를 지키고 있었다. 학문과 예술의 도시 르비우의 분위기에 잘 어울리는 장면이다.

이후에도 세월의 때가 역력한 골목길, 온갖 양식과 사연이 얽힌 교회와 교회, 유적과 유적이 이어졌다. 여러 세기를 종횡무진 넘나들며 이어진 하루 '공식' 일정의 마지막은 고성 언덕 High Castle Hill이었다. 한적한 주택가와 비탈길을 지나 마침내 '정상'에 올랐다. 기대했던 것과 달리 성벽의 흔적은 거의 남아 있지 않았다. 도시가 시작된 13세기부터 18세기까지는 도시 전체를 에워싼 방어 시설 중 외성의 일부였다고 하는데, 지금은 그냥 밋밋한 벌판 한가운데 있는 작은 언덕 위 공원에 더 가까웠다. 자료에는 정상이 해발 413미터 높이라고 했으니, 딱 동네 뒷산 나들이 장소로 제격이었다. 정상에는 동서남북 표시판이 있고 커다란 우크라이나 국기가 나부끼고 있었다. 전망대에 서면 르비우 사방이 360도로 훤히 보인다고 들었는데 웃자란 나무와 덤불 때문에 일부만 겨우 보여서 아쉬웠다.

르비우에 다녀온 후 한참 지나 돌이켜보니 내가 가본 장소가 어디였는지 기억이 잘 나지 않았다. 교회나 유적 등 개

∧ 리녹 광장 동편에는 과거 르비우 구도심을 둘러싸고 있던 벽돌 성벽의 일부가 보존되어 있다.

별 장소에 대한 세세한 기억은 희미하지만 르비우라는 도시의 고풍스러운 느낌만 유난히 생생하게 남았다. 여행지 중에는 개별 장소가 아니라 도시 전체로 기억되는 그런 곳이 간혹 있다. 마치 야산을 가득 메운 형형색색의 작은 꽃 군락지를 거니는 것처럼 꽃 한 송이, 한 송이가 아니라 분위기로 압도하는 곳, 르비우가 바로 그런 도시였다.

물론 아쉬운 점도 있었다. 잘 보존된 유럽의 오래된 도시가 그렇듯이 르비우도 마치 잘 알지 못하는 역사책 내용을 답사하는 투어 같았다. 슬라브 지역의 역사에 관해 워낙 무지한 탓이다. 생소한 인물이나 역사적 사건이 얽힌, 그리고 내 눈에는 엇비슷한 건물과 교회가 이어지면서 점차 내 머릿속

∧ 고성 언덕에는 성벽이 거의 남아 있지 않다. 과거 도시 전체를 감싸 안던 요새의 일부였지만, 지금은 르비우 시민의 산책 코스로 변했다.

은 정보 용량 초과 상태로 되어 갔다. 더구나 구도심에서는 걸어서 다니는 외에 다른 대안이 없기에, 여름날의 강렬한 햇살은 피로감을 더했다. 딱 반나절만 다니고 나머지는 카페와 식당, 극장에서 시간을 보내는 그런 여유 있는 여행의 기회가 다시 오기를 바란다. 리녹 광장의 카페에 앉아 진한 커피나 슬라브식 보리 음료 크바스를 음미하든, 아니면 세월의 흔적이 짙게 드리운 작은 골목길 주점에서 '르비우스카야' 맥주를 들이키든 모두 이 도시에 잘 어울리는 기억이 될 것이라고 상상해 본다.

르부프, 렘베르크, 리보프, 르비우

르비우 구도심 역사 지구에는 13세기에서 20세기 초까지 다양한 시기와 양식에 걸쳐 지은 고풍스러운 건물이 군집을 이룬다. 다른 우크라이나 도시와 달리 르비우는 외세 침략이나 전쟁에서 거의 피해를 보지 않았다. 그래서 여행서에서는 르비우를 '중세 도시'로 소개하기도 하지만 사실 이 고도시에 중세의 고딕 건축은 거의 없다. 1527년과 1556년 두 차례 대화재로 이전 건물은 거의 소실되었기 때문이다. 그 대신 16세기 이후의 르네상스, 바로크, 고전주의 양식을 비롯해 아르 누보와 아르 데코 양식이 공존하면서 독특한 고도시의 느낌을 풍긴다.

르비우는 현재 동슬라브 국가인 우크라이나에 있지만 폴란드와 오스트리아-헝가리 제국 시절의 건축이 늘어서 있다. 구도심 역사 지구의 건물에는 근 500년의 역사가 고스란히 보존되어 있어 이전의 양식에 새로운 양식을 덧붙인 복합 양식의 건물이 많다. 이 고풍스러운 건물들이 수백 년 된 조각이나 부조와 어우러져 중세풍 도시 경관을 빚어낸다. 르비우는 이러한 역사적 가치를 인정받아 1998년 도심 전체가 유네스코 세계문화유산으로 등재되었다.

르비우에 얽힌 다채로운 역사의 흔적은 도시 이름에도 반영되어 있다. 지금은 우크라이나어로 르비우라 불리지만 이 도시는 역사적으로 여러 이름으로 통했다. 러시아어로 '리보프,' 폴란드어로 '르부프,' 독일어로는 '렘베르크,' 라틴어로 '레오폴리스'로 불렸다. 르비우를 지칭하는 다양한 이름이 존재한다는 것은 그만큼 이 땅의 지배자가 자주 바뀌었다는 뜻이다. 13세기 중반 갈리치아-볼히니아의 다닐로 로마노비치 왕이 이곳에 새로 도시를 건설한 후 아들 레브의 이름을 따 '레오폴리스'라 이름 붙였다. 그 후 1349년 레오폴리스는 폴란드에 합병되어 르부프로 바뀐다. 구도심의 폴란드식 성벽이나 건축물은 그 후 수백 년간 이어진 폴란드 지배 시절의 흔적이다. 그러다가 1772년 폴란드-리투아니아 연합왕국이 해체되면서 이 도시는 오스트리아-헝가리 제국 합스부르크 왕가의 직할령으로 편입되고 이름도 렘베르크로 변경된다.

동유럽의 역학 변동에 따라 도시의 주인이 자주 바뀌면서 주민의 민족적 구성도 복잡해졌다. 20세기 전반에만 해도 주변의 서부 우크라이나 지역에서는 우크라이나인이 주민의 대다수를 차지했는데 유독 르비우만은 폴란드인과 유대인이 주류를 이루는 독특한 다민족 도시로 번성했다.

그러나 20세기에 들어와 르비우(렘베르크)는 다시 격변에 휘말리게 된다. 1918년 1차 세계 대전이 끝난 후 오스트리아-헝가리 제국이 해체되고 이 도시는 새로 수립된 폴란드 제2공화국 영토로 다시 편입되었다. 그러나 폴란드 영토 시절도 얼마 가지 못했고, 1936년 나치 독일과 소련 간의 밀약에 의해 도시는 소련에 합병된다. 1991년 소련이 붕괴하고 우크라이나가 독립한 후에 이르러서야 르비우는 명실상부한 우크라이나 도시가 된다. 사정이 이렇다 보니 르비우는 동슬라브 특유의 우크라이나 색채보다는 폴란드, 오스트리아, 유대 등 다양한 민족과 문화가 뒤섞인 다국적, 다문화 도시의 분위기를 강하게 풍긴다.

특히 2차 세계 대전이 끝난 후 동유럽의 국경선이 대대적으로 새로 그어지는데, 이 사건은 르비우에도 엄청난 변화를 가져왔다. 얄타회담은 우리에게는 남북 분단의 계기가 된 회담으로 유명하지만, 우크라니아와 폴란드의 국경에 관한 합의도 여기서 이루어졌다. 전쟁 전 나치 독일과 소련이 합의한 국경을 사실상 인정해 과거 폴란드 제2공화국의 동부(현재의 서부 우크라이나) 지역을 소련 영토로 확정하고 그 대신 독일 동부 지역을 분할해서 폴란드 영토로 편입하는 방식으로 결정되었다. 폴란드 정부가 '수복 영토'(폴란드는 먼 중세 시절의 영토를 근거로 이곳을 그렇게 불렀다)를 합병한 후 이 지역에 살던 독일인 800만 명 이상이 독일이나 오스트리아 영토로 쫓겨났다.

강제적인 국경 '조정'은 수많은 주민의 삶을 뿌리째 흔들어놓았다. 소련 정부는 '주민 교환'이라는 이름으로 1944~1946년, 그리고 1955~1959년에도 사실상의 강제적인 주민 이주를 대대적으로 전개했다. 1936년 이후 지금의 서부 우크라이나와 동부 벨라루스 등 새로 합병한 지역에서 소련 정부가 추진한 '탈폴란드' 정책의 일환이었다. 폴란드 공산당 정부와 소련 모두 '송환'이라는 용어를 사용했지만 이는 의도적인 사실 왜곡이다. 수많은 이주민은 고향으로 '귀환'한 것이 아니라 수백 년 동안 살던 고향을 타의에 의해 떠나야 했다.

소련 공식 자료에 따르면 1945~1946년에 116만 7,000명의 폴란드인이 이 편입 지역을 떠났다. 서부 우크라이나 지역에서만 약 75만 명의 폴란드인과 유대인이 대대로 살아오던 고향에서 추방되어 낯선 땅으로 옮겨졌다. 이 중 일부는 멀리 시베리아나 중앙아시아 카자흐스탄으로 강제로 이주당했다. 반대로 폴란드에서는 이 기간 48만여 명에 달하는 우크라이나 혈통의 주민들이 우크라이나 소비에트 사회주의 공화국 영토로 추방되었다. 당시의 강제 이주는 소련의 서부 지역뿐 아니라 동유럽과 중유럽 전역에 걸쳐 이루어진 대대적인 인구 이동이었다.

쫓겨난 폴란드계 주민들은 주로 폴란드가 새로 편입한 '수복 영토'로 강제로 옮겨졌다. 이주 대상자 선정에서는 오로지 출신 민족만 기준으로 삼았을 뿐 국적은 전혀 고려하지 않았다. 르비우에서 추방된 폴란드인의 숫자는 대략 10만 명에서 14만 명 정도로 추산된다. 폴란드인이 떠난 자리는 동부 우크라이나의 농촌이나 다른 소련 지역의 이주민으로 채워졌다. 1944년 10월 기준으로 르비우에서는 주민의 66.75%가 폴란드인이었지만 대대적인 이주 정책으로 르비우는 우크라이나인이 압도적으로 많은 도시로 바뀌었다. 전쟁 전 폴란드인과 유대인이 이웃하며 살던 민족적 다양성은 더 이상 이 도시에서 발견할 수 없는 과거사일 뿐이다.

우연하게도 이번 여행에서는 우크라이나와 폴란드의 대표적인 역사 문화 도시인 르비우와 브로츠와프를 함께 다녀 왔다. 브로츠와프는 과거 독일의 고건축과 구시가지가 즐비한 폴란드 도시인 반면, 르비우는 폴란드풍의 우크라이나 도시다. 그런데 나라도, 주민의 민족 구성도, 문화도 전혀 다른 곳이라고 생각한 두 도시에서 이상하게도 마치 데자뷔를 본 듯했다. 아마 전후 소련과 폴란드가 대대적인 '주민 교환'을 시행할 때, 르비우의 폴란드인을 이 독일풍의 도시로 대거 이주시킨 것도 원인일 것이다.

르비우 주민의 구성에서 폴란드인의 비중은 크게 줄었지만 도시 전역에 폴란드 시절의 흔적은 아직 강하게 남아 있다. 르비우에는 역사적 인물을 기리는 동상이 무수하게 서 있는데, 그중에는 우크라이나의 민족적 영웅과 폴란드의 유명인사가 뒤섞여 있다. 한편으로는 우크라이나 시인이자 사회운동가인 이반 프랑코Ivan Franko, 국민 가수인 솔로미야 크루셸니츠카Solomiya Krushelnytska, 16세기에 대 오스만 항쟁을 주도한 이반 피드코바Ivan Pidkova, 등이 우크라이나 민족자존심의 상징처럼 도심에 당당하게 서 있다. 다른 한편에는 폴란드 국민 시인인 아담 미츠키에비치Adam Mickiewicz, 18세기 말 러

시아와 프러시아에 대항해 봉기를 주도한 폴란드의 군인 얀 킬린스키Jan Kiliński 같은 인물의 동상도 나란히 도심을 지키고 있다.

2차 세계 대전 후 폴란드와 우크라이나 간의 주민 집단 이주 과정에서 사람들만 이동한 것은 아니다. 폴란드계 이주민들은 르비우 시내에 있던 역사적 인물의 동상 중 일부를 폴란드 서부의 '수복 영토'로 이전했다. 폴란드계 르비우 시민들은 역사와 기억의 흔적까지도 옮겨간 것이다. 19세기 폴란드 낭만주의 작가이자 시인인 알렉산데르 프레드로Aleksander Fredro

의 동상은 브로츠와프로, 17세기 폴란드-리투아니아 연합왕
국의 뛰어난 군주였던 얀 3세 소비에스키는 그단스크로, 19세
기 오스트리아-헝가리 제국 시절 '폴란드 낭만주의 최후의
위대한 시인'으로 꼽히던 코르넬 우제이스키Kornel Ujejski의 동
상은 새로운 폴란드 영토 슈체친에 자리를 잡았다.

하지만 소련의 대대적인 민족 대이동도 르비우에 깊게 배
인 폴란드의 역사적 흔적을 지우진 못했다. 르비우는 민족
구성의 변화와 무관하게 여전히 다양한 민족 유산이 혼재하
는 다문화 도시로 남아 있다. 르비우에서 폴란드, 오스트리
아-헝가리, 유대인, 우크라이나의 역사적 갈래는 서로 실타
래처럼 엉켜 있어 이것들을 일일이 가려내 특정 국가의 유산
으로 분류하는 것은 사실상 무의미하다.

르비우는 한때 오스트리아-헝가리 제국의 땅이기도 했
다는 사실은 일상에서 느낄 수 있다. 슬라브권 도시로서는 뜻
밖에도 르비우는 커피와 초콜릿, 맥주로 유명하다. 19세기에
이 도시는 오스트리아 문화의 영향으로 비엔나식 커피하우
스가 넘쳐났고, 그 전통은 지금도 이어지고 있다. 내가 머물
던 호텔 부근 보임 경당 옆에는 르비우의 명소 스비트 카페
가 있었다. 검게 그을은 보임 경당의 서쪽벽에 아침 햇살이
쏟아지는 것을 보면서, 노천 카페에서 진한 커피를 곁들인 아
침을 먹다 보면 마치 서유럽 어디쯤 와 있는 것 같은 즐거운
착각에 빠지곤 했다. 여행에서 혀끝으로 느끼는 감미로운 자

∧ 르비우에는 카페 문화가 발달해 있다. 보임 경당의 검은 파사드에 비치는 아침 햇살을 배경으로 스비트 카페에서 커피의 진한 향으로 하루를 시작한다.

극만큼 오래 여운으로 남는 경험은 없다. 이 감각은 독일 문화권에서의 오랜 경험이 쌓여 르비우 주민에게 체화된 것이어서 쉽사리 사라지지 않았을 것이다.

우크라이나 땅에 살던 폴란드인이 독일 색채가 물씬한 '수복 영토'의 낯선 도시로 이주해 세운 새 정착지가 브로츠와프였다면, 폴란드와 오스트리아−헝가리의 전통 속에 우크라이나인이 새로운 도시 문화를 만들어 가는 곳이 르비우다. 따지고 보면 지금 르비우에 사는 우크라이나인 중 상당수는 부모나 할아버지 세대에 낯선 이곳을 새 보금자리로 잡은 이주민이다. 르비우도, 브로츠와프도 원래의 고향에서 뿌리 뽑혀 새로운 땅에서 정착한 이주민들의 집이자 디아스포라의 도시다. 르비우는 무지개처럼 다양한 문화의 색이 어우러져 빚어내는 다채로운 개성의 도시다. 지금은 우크라이나인이 다수이지만, 폴란드와 유대인의 문화가 강하게 남아 있고, 오스트리아 시절의 취향을 즐길 수 있는 곳, 이 도시의 국적은 어디일까? 르비우에서 국적 분류는 자의적일 수밖에 없다. 르비우는 그냥 르비우일 뿐이다.

교회, 교회, 교회

인구가 72만 명으로(2021년 기준) 딱 경기도 남양주시 정도인 이 작은 도시 르비우에는 교회가 정말로 많다. 숫자가 많을 뿐 아니라 수백 년의 역사를 자랑하는 다양한 건축 양식의 걸작품인 교회가 도심에 즐비하다. 어떤 주제를 염두에 두든, 어떤 경로로 일정을 잡든 르비우 여행에서 교회 답사는 빠질 수 없는 요소다.

많은 유럽 도시에서 교회란 이제 덩그렇게 큰 건물에 신자가 줄어들어 노인만 드문드문 자리를 채우고 있고, 종교적 열정 대신 관광객 입장료로 운영하는 상업 시설로 변해 가고 있다. 그렇지만 르비우에서 교회는 아직 주민의 삶 속에 살아 있는 신앙의 장이다. 르비우에서도 기독교는 주민의 절대다수를 차지하는 종교다. 다만 다른 우크라이나 지역에서는 동방 정교회가 지배적인 데 비해, 르비우를 비롯해 서부 우크라이나 3개 주에서는 가톨릭이 대세다. 이 역시 가톨릭 국가인 폴란드령 시절의 흔적이다. 2012년 조사에서 르비우 주민 중 가톨릭이 57%, 정교회가 32%였으며 다양한 기독교 교파를 합하면 91%에 달했다. 르비우는 그야말로 종교 도시다.

그런데 르비우에 있는 가톨릭은 이른바 동방 가톨릭교회의 일종인 우크라이나 '그리스 가톨릭'으로, 우리가 아는 천주교와 성격이 좀 다르다. 중세의 폴란드−리투아니아 연합왕국은 수백 년간 이 지역을 지배하면서 슬라브계 주민을 '폴란드화'하는 동화 정책을 폈다. 그 정책의 일환으로 주민들의 가톨릭 개종을 강력하게 추진해 정교회 신자가 대다수인 주민의 반발을 초래했다. 그 결과 일종의 타협책으로 로마 교황청 소속이되 의식만 정교회 방식을 따르는 그리스 가톨릭교회가 탄생했다.

20세기에 들어와 우크라이나가 소련에 편입되면서 우크라이나의 교회는 또 한 번 소용돌이에 휘말린다. 소련은 한편으로는 무신론의 원칙하에 종교 전반에 대한 말살 정책을 폈다. 하지만 다른 한편으로는 우크라이나를 '러시아화'하려는 구상으로 폴란드 색이 짙은 종교인 가톨릭에 유독 가혹한 조치를 취했다. 특히 우크라이나 그리스 가톨릭의 총본산인 르비우에서는 다른 지역과 달리 종교 말살보다는 기존의 가톨릭에서 정교회로 전환하도록 강제하는 데 주력했다.

그러나 탄압 속에서도 그리스 가톨릭교회는 사라지지 않았다. 우크라이나 전역에서 교회가 폐쇄될 때에도 르비우에서는 대다수 교회가 지하화하면서 평신도 사이에서 오히려 저변을 확대했다. 어떤 면에서는 그리스 가톨릭 신앙이 반러시아 지향의 민족 정서와 맥을 같이 한 셈이다. 이러한 배경은 소련 해체 과정에서 르비우가 우크라이나 민족주의 운동의 근거지로 부상하는 데 큰 영향을 미쳤다. 이 교회들은 소련 치하에서 약 45년간 교회 기능이 폐쇄되거나 정교회 소유로 넘어갔다가 우크라이나 독립 후 다시 복원된 교회가 대다수다.

우크라이나에서 비주류인 그리스 가톨릭교회가 득세한 데서 볼 수 있듯이 르비우는 유난히 종교적으로 다양성이 높은 도시다. 구도심 리녹 광장 주변에는 이러한 종교적 다양성을 보여 주는 건축물이 산재해 있다. 엇비슷한 수많은 교회 건물을 일일이 순례하는 일은 벅차고 지루한 일이다. 구도심 부근에 걸어 다닐 만한 곳만 골라 교파별로 대표적인 몇몇 교회 건물을 둘러보았다. 현재 르비우의 교회 중에는 우크라이나 그리스 가톨릭교회 소속이 가장 많다.

이 중 가장 먼저 방문한 그리스 가톨릭교회는 도미니카 성당이었다. 리녹 광장에서 동쪽 골목으로 들어가면 높은 로코코 양식의 돔이 먼저 눈에 들어온다. 원래 13세기부터 이 자리에는 로마 가톨릭 성당이 있었으나 화재와 전쟁으로 폐허가 되었고, 18세기 말에 바로크 양식의 그리스 가톨릭 성당과 수도원이 새로 들어섰다. 2차 세계 대전이 끝난 후 소련은 이 성당을 폐쇄한 후 창고로 사용하였고, 성당 옆 수도원 건물에는 종교와 무신론 박물관을 입주시켰다. 소련이 붕괴한 후 교회는 우크라이나 그리스 가톨릭 측의 강력한 요구에 따라 원주인에게 다시 반환되었다. 하지만 수도원 건물은 아직 반환되지 않고 종교사 박물관으로 이름만 바꿔 운영되고 있다.

도미니카 성당을 나와 광장 북쪽으로 걸음을 옮기면 (예수의 부활 후 변모를 기념하는) 영광스런 변모 성당이 나온다. 아르메니아 성당 서쪽에 구리판으로 지붕을 얹은 높다란 돔 성당이다. 원래 18세기 초 프랑스 고전주의 양식을 기반으로 바로크식 내부 장식을 한 로마 가톨릭교회가 건설되었는데, 1848년 오스트리아 군대의 포격으로 폐허가 됐고 1906년 그 자리에 그리스 가톨릭교회로 새로 지은 것이 현재의 건축물이다. 20세기 전반부에 이 교회는 교회 기능뿐 아니라 우크라이나 민족주의 운동의 문화적 중심 역할도 했다. 1989년 소련의 붕괴를 앞두고 압수당한 교회 재산 반환 운동이 열렬하게 전개되었는데, 이때 처음으로 복권된 그리스 가톨릭교회가 바로 이곳이었다. 이른 아침이나 저녁 시간에 이 교회에서 열리는 미사는 특히 경건하고 신비로운 분위기로 잊을 수 없는 경험을 선사한다고 한다.

구도심 광장 주변에 몰려 있는 유서 깊은 유명 교회들 외에도 서쪽으로 1.5킬로미터쯤 더 가면 또 다른 명소를 만나게 된다. 도심을 굽어보는 성 조지 언덕 위에 바로크와 로코코 양식을 가미한 웅장하고 화려한 성 조지 성당St. George's Cathedral이 서 있다. 동선이 애매해 방문자도 적은 곳이다. 멀리서도 눈에 잘 띄는 도시 명소이기 때문에 침략자들의 손쉬운 제물이 되어, 파괴와 재건을 거듭했다. 첫 교회는 1280년경 갈리치아 – 볼히니아 공국 시절에 목조로 건축되었지만 현재 교회 건물은 1762년 완공된 것이다. 이 교회는 단지 건축물로서뿐 아니라 교회사 측면에서도 중요한 곳이다. 성 조지 성당은 1816년부터 2011년까지 우크라이나 전체 그리스 가톨릭교회의 본산 역할을 했다.

종교의 도시답게 르비우에는 그리스 가톨릭교회 외에도 다양한 교파의 교회가 있다. 리녹 광장 주변에서 대표적인 우크라이나 정교회로는 성모 영면 성당이 있다. 광장에서 동쪽 골목으로 들어서면 멀리서부터 65미터 높이의 삼층 종탑이 먼저 눈에 들어온다. 이 성당은 교회 본당 건물과 코르니악트 종탑, 세 성인 채플이라 불리는 작은 건물로 이루어져 있다. 코르니악트라는 그리스 상인의 후원으로 지어서 그런 이름이 붙었다. 현재의 건축물은 17세기 초 르네상스 양식으로 지은 것이다. 특히 종탑은 16세기 매너리즘 건축 양식을 보여주는 우크라이나 대표 건축 중 하나로 꼽힌다.

르비우 도심에 있는 로마 가톨릭교회로서는 라틴 성당이 가장 유명하다. 정식 명칭은 '복되신 성모 마리아 승천 대성

∧ 성모 영면 성당은 르비우에서 대표적인 우크라이나 정교회 교회다. 이 종탑은 후원
자 이름을 따 코르니약트 종탑이라 불린다.

당'이라는 다소 긴 이름이지만 흔히 그냥 라틴 성당으로 통한다. 리녹 광장 남서쪽 모서리에 있는 자그마한 성당 광장에서 보임 경당과 마주 보고 있는 중세풍 건물이 바로 라틴 성당이다. 이 성당은 르비우의 수많은 종교 건축물 중에서도 건축 양식이나 종교적 의미 측면에서 가장 인상적인 교회 건축물 중 하나다. 이 자리에 성당이 처음 들어선 것은 1344년이었으나 얼마 후 화재로 소실되고 1405년에 고딕 양식의 성당이 새로 봉헌되었다. 그 후에도 여러 차례 개축, 추가 건축을 거쳤기 때문에 여러 시대의 양식이 가미된 건물이 되었다. 대략 교회 건물 외부는 고딕 양식이지만 내부는 화려한 바로크 양식으로 되어 있다.

로마 교황청은 건축, 규모, 종교사적 중요도 등을 고려해 일부 성당에 '대성전major basilica'의 칭호를 부여하는데, 성 베드로 성당을 비롯해 로마에 있는 성당 네 군데만 여기에 속한다. 또한 전 세계 곳곳의 성당 중 일부만 '준대성전minor basilica'으로 지정되어 있다. 라틴 성당은 1910년 교황 피우스 10세에 의해 '준대성전'의 지위로 승격되었으니, 대단히 중요한 성당이었던 셈이다. 아마도 이러한 위상 때문인지 소련 시절에도 라틴 성당은 르비우에서 폐쇄되거나 모스크바 주도의 정교회에 편입되지 않은 단 두 교회 중 하나였다. 이 성당에는 2001년 교황 요한 바오로 2세의 르비우 방문을 기념하는 부조가 남아 있다.

정교회나 가톨릭교회 외에도 르비우 구도심에서는 다소 뜻밖의 교회도 만날 수 있다. 리녹 광장 북쪽 뒷골목의 비르멘스카 거리는 과거 아르메니아인이 모여 살던 구역이다. 오래된 건물이 다닥다닥 붙어 있고 미로처럼 얽힌 좁은 골목으로 들어가다 보면 예상치 못한 곳에서 교회를 만나게 된다. 이 좁은 옛 거리 주택가 안쪽에 엉거주춤 들어앉은 교회 건물이 바로 아르메니아 성모 승천 성당인데, 현재 아르메니아 사도 교회의 우크라이나 주교구 본당 교회다.

1363년 아르메니아 출신 상인이 고대 아르메니아 왕국의 수도 아니의 성당을 본떠서 작은 교회를 짓기 시작한 것이 이 성당의 시초인데, 이후 수백 년에 걸쳐서 개축하고 덧붙여 지은 결과 이런 모양의 건물이 되었다. 처음 보면 수수한 외부에 다소 실망하지만 건물 내부로 들어가면 눈에 확 띄는 화려하고 독특한 실내 장식에 다시 한번 놀라게 된다. 15세기에는 회랑이 성당 건물을 에워싸고 있었다는데, 지금은 남쪽 회랑만 남아 있고, 북쪽 회랑은 성물 보관소로 개축되었다.

우크라이나가 독립한 후 다양한 종교, 교파들은 비록 신자는 소수일지라도 과거의 위치를 되찾았다. 하지만 유대교회당인 시나고그만은 그러지 못했다. 2차 세계 대전 이전만 해도 르비우에는 유대인이 많았던 만큼 시나고그도 도처에 있었다. 그렇지만 지금 유대인의 흔적은 주로 기록이나 기억으로만 존재할 뿐이다. 르비우 전역에는 아직도 군데군데 유

< 아르메니아 성당 골목은 과거 다민족, 다종교가 공존하던 개방적 도시 르비우의 흔적을 보여 준다.

< 성당 한 귀퉁이의 투박한 성모상에서 오랜 역사적 굴곡을 감내해야 했던 르비우 시민의 애환을 느낄 수 있다.

대인의 자취가 어두운 그림자처럼 드리우고 있다. 리녹 광장에서 고성 언덕으로 올라가다 보면 한적한 주택가에서 별 특징이 없는 어린이 놀이터를 지나치게 된다. 한때 시나고그가 있던 곳이지만 나치군이 파괴해 지금은 자그마한 동판만이 그 시절을 증언한다. 현재 르비우의 유일한 시나고그는 구도심에서 서쪽으로 좀 떨어진 성 조지 성당 부근에 있다.

르비우의 다양한 종교적 시설과 유적은 역사적 격변기마다 이 도시가 감내해야 했던 얼룩진 기억을 말해 준다. 교회나

∧ 한때 유대인이 다수이던 르비우에서 유대인은 거의 다 사라지고, 지금은 주택가 골목에 시나고그 터임을 알리는 팻말만 남아 있다.

기념비 하나하나에 얽힌 이야기를 추적하다 보면 르비우의 역사를 관통하는 때로는 영웅적이고, 때로는 비극적인 온갖 사건의 기억을 들춰내게 된다. 다만 르비우처럼 다양한 민족과 종교가 뒤섞여 살던 곳에서 내부적 갈등의 이야기가 두드러지지 않은 것은 오히려 신기한 일이다. 이질적인 출신의 주민들은 정교회가 주류인 동슬라브에서 소수파로 오래 살아오면서 자연스레 공존의 지혜를 체득한 것이 아닐까. 이 도시가 이처럼 유난히 강한 종교적인 색채를 유지하면서도 동시에 세속적인 번영과 문화적, 예술적 전성기를 일궈 냈다는 점도 경탄스럽다. 교회가 신자만의 폐쇄적 공동체에 머물지 않고 때로는 우크라이나 민족 독립운동에서도 중추적 역할을 했다는 점 역시 놀랍다. 르비우에서 교회는 교회 이상의 존재다.

253

문학, 예술과 반골 지식인의 도시

르비우 외곽에서 도심으로 들어오는 버스를 타거나 구도심을 돌아다니는 동안에는 여러 차례 스바보다 거리(자유로)라는 이름의 널찍한 대로를 거쳐 가게 된다. 거리 한가운데 가로수가 늘어선 넓은 공터와 녹지대가 있고 양쪽으로 차로가 나 있는 도심 공원형 도로다. 도로 중앙에는 매우 인상적인 대형 조형물과 동상이 서 있는데, 타라스 셰브첸코가 그 주인공이다.

셰브첸코는 1814년 제정 러시아 시절 가난한 농노 집안에서 태어났고 뛰어난 시인이자 작가이면서도, 민속학자, 미술가로서도 재능을 발휘한 르네상스형 지식인이었다. 농노제 철폐 등 사회 개혁을 부르짖은 사회운동가이면서 우크라이나의 민족의식을 고취한 민족주의자이기도 했다. 그는 우크라이나 현대 문학의 창시자이자 우크라이나 언어를 체계화하는 데도 크게 이바지했다. 말하자면 셰브첸코는 명실상부하게 우크라이나의 국민 시인이자 민족주의자였다.

르비우 도심의 이 동상과 기념비는 아르헨티나의 우크라이나 교민들이 돈을 모아 세웠다고 한다. 현재 우크라이나 국민뿐 아니라 전 세계로 흩어진 우크라이나인에게 민족 자부심과 뿌리를 환기시키는 상징적 인물이라는 뜻이다. 도시의 관문이자 심장부에 셰브첸코와 같은 인물을 기념하는 동상을 세웠다는 사실은 르비우 시민들이 갖고 있는 기질을 상징

∧ 르비우의 중심 대로인 스바보다 거리에는 우크라이나 민족 영웅이자 지식인인 셰브
첸코의 동상과 기념비가 있다.

적으로 잘 보여 준다. 셰브첸코처럼 르비우 시민들의 성향 역시 대단히 민족주의적이면서도 문학과 예술, 학문에 대한 자부심과 정치적 반골 기질을 갖추었다는 것이다. 르비우는 우크라이나 민족주의의 본산이자 러시아어가 소수 언어인 곳이라는 말이 나온 이유를 알 것 같다.

그러고 보니 르비우로 들어올 때 이용했던 다닐로 할리츠키 국제공항이라는 이름도 예사롭지 않다. 르비우를 설립한 갈리치아-볼히니아 공국의 다닐로 로마노비치왕의 이름을 도시의 관문에 붙인 것이다. 르비우에서 내가 묵던 호텔 바로 앞 작은 광장에는 행인들이 오가는 거리에 노점상이 늘어서 있고 그 가운데 동상이 하나 있었는데, 무심코 이름을 들여다보니 이 역시 다닐로왕이었다. 12세기에 우크라이나 민족 자존심의 근원인 키예프 루스 왕국이 멸망하고 영토는 여러 작은 공국으로 분열되었다. 이제 동슬라브의 주도권은 키이우를 떠나 변방이던 모스크바로 옮겨 가는 추세였다. 그런데 키예프 루스의 왕족이던 류리크 가문 출신으로 옛 키예프 루스의 중심부에서 갈리치아와 볼히니아 공국을 합병해 지역 강국으로 부상시킨 사람이 다닐로왕이었다. 르비우 시민은 13세기의 인물인 다닐로의 이름을 통해 현재 우크라이나의 민족적 자존심을 확인하는 셈이다.

르비우는 또한 지식인과 예술가의 도시다. 중세 시절부터 학문적 전통이 강했을 뿐 아니라 지금도 종합 대학이 12개,

∧ 우크라이나 민족주의의 본산인 도시답게 르비우에는 13세기의 역사 인물 다닐로의 이름과 동상이 남아 있다.

전국적인 학술 기관이 8개, 연구소가 40개 이상 있다. 소련 시절부터 르비우는 기초과학뿐 아니라 우주 관련 연구에서도 중심적인 역할을 했다. 주민의 65%가 대학 이상의 학력인 것도 그다지 놀랄 일은 아니다. 르비우는 예술, 문학, 음악, 연극 등 온갖 문화의 중심지이기도 하다. 이 작은 도시에 60군데의 박물관과 10곳의 극장이 있다는 사실은 그저 경이롭기만 하다.

스바보다 거리를 거닐다 보면 대로 끝 정면에 화려한 르비우 오페라 발레 극장Lviv Opera and Ballet Theatre이 눈에 확 들어온다. 약 백 년 전 고전주의 전통을 근간으로 삼고 네오르네상스, 네오바로크, 아르 누보 등 서양 건축사의 온갖 대표적인 양식을 집약해서 지은 이 건물은 화려함의 극치다. 건물 꼭대기에는 영광, 시와 음악을 상징하는 뮤즈 상들이 자태를 뽐내면서 행인들을 굽어보고 있다. 시간만 맞는다면 이곳에서 우아하게 동슬라브 고급문화의 정수인 발레 공연도 보았으면 좋았을 텐데, 하는 아쉬움이 들었다.

학문과 지식의 도시로서 르비우를 이야기할 때 빼놓을 수 없는 부분이 폴란드의 국립 오솔린스키 연구소(줄여서 오솔리네움Ossolineum)다. 무려 1817년에 설립되었고 폴란드의 대표적인 문화 재단이자 도서관, 출판사, 연구소를 겸한 기관이며, 지금은 폴란드 '수복 지역'인 브로츠와프에 있는 기관이다. 폴란드에서는 크라쿠프의 야기엘론스키대학교 도서관 다

<hr>

< 르비우 오페라 발레 극장은 서양 건축사의 온갖 대표적인 양식을 집약해서 지어 화려함의 극치를 보이는 건물이다.

음으로 폴란드의 문화, 역사, 과학 유산의 기록을 많이 소장하고 있다. 뜬금없이 서부 폴란드의 도서관 이야기를 꺼낸 이유는 이 기관이 1947년 이전에는 르비우에 있었고, 르비우와의 관계가 지금도 이어지고 있기 때문이다. 19세기 초 폴란드의 귀족이자 지식인인 유제프 오솔린스키Józef Ossoliński는 폴란드의 지적 유산을 집대성한 도서관을 세우기로 하고 그 장소를 르비우로 정했다. 그의 열정과 투자가 결실을 보아 이곳은 이후 폴란드 문화의 정수를 수집, 계승하고 발전시키는 본산 구실을 했다.

그런데 2차 세계 대전이 끝난 후인 1947년 폴란드는 오솔리네움을 소련 땅 르비우에서 브로츠와프로 '이전'하기로 했고 우여곡절 끝에 르비우의 방대한 자료 중 3분의 1 정도를 넘겨받았다. 나머지 자료는 르비우의 스테파니크 국립 과학도서관에 소장되어 있다. 폴란드 정부는 르비우의 오솔리네움 컬렉션 전체를 인수하기 위해 백방으로 노력했으나, 결국 2003년 르비우의 컬렉션을 스캔해서 공유하는 방식으로 합의를 보았다. 이 컬렉션은 지금 우크라이나 영토인 르비우에서 축적된 폴란드 정신 유산이지만 폴란드인뿐 아니라 동슬라브에 살고 있던 다양한 민족의 문화유산을 이해하는 데 필수적인 자산이다. 이 도서관은 동유럽 역사에서 르비우라는 도시의 위상과 성격을 잘 보여 주는 예다.

학문과 예술의 전통이 강하고 반골 지식인들의 성향이 두

드러진 르비우 시민의 기질은 상당히 재치 있는 유머 감각으로 나타나기도 한다. 널리 알려진 대로 르비우의 상징은 사자다. 다닐로왕이 르비우를 처음 설립할 때 아들인 레브의 이름을 땄는데, 이 이름이 '사자'를 뜻했기 때문이다. 이 덕분에 르비우의 도시 문장이나 깃발에도 사자가 나오며, 도시 전역에는 온갖 형태의 사자상이 널려 있다. 유서 깊은 역사 도시에 걸맞게 엄숙하고 사실적인 사자상도 있지만 보기만 해도 웃음이 나오는 귀여운 사자상도 많다. 건물 외벽에도, 성문 옆에도, 벤치나 쓰레기통에도 자세히 보면 사자가 새겨져 있다. 권력과 용맹함의 상징으로 왕가나 국가의 문장으로 사용되던 사자의 이미지를 이렇게 뒤틀어서 희화화한 것을 보면 르비우 사람 특유의 반골 기질과 유머 감각이 머릿속에 그려진다. 도심 전역을 다니면서 숨어 있는 사자상을 찾아보는 것도 르비우를 경험하는 좋은 여행 경로 중 하나일 것이다.

정치와 학문, 고급 예술이라면 머리를 내젓는 사람에게도 르비우는 흥미로운 경험을 준다. 르비우는 종교의 본산이자 진지한 학문과 예술의 중심이지만, 대중적인 문화로도 풍성한 도시다. 르비우에서는 매년 100가지 이상의 축제가 열린다고 하니 축제가 거의 일상이다. 덕분에 연중 어느 시점에 방문하든 이름 모를 축제를 적어도 하나는 만나게 된다. 르비우를 떠나던 날 시간이 조금 남아 포토츠키 궁전에 있는 르비우 미술관으로 가고 있었다. 무슨 축제용인지는 모르나 거

∧ 르비우는 사시사철 축제로 넘쳐나는 도시다. 거리 위를 장식한 형형색색의 우산이
몽환적 분위기를 풍긴다.

리 위로 형형색색의 우산이 몽환적 분위기를 자아내며 걸려
있었다.

르비우는 레스토랑 천국이기도 하다. 동유럽, 특히 동슬
라브권 도시에 들어갈 때마다 갖게 되는 한 가지 선입견이 있
는데, 맛있는 음식의 특권은 포기해야 한다는 것이다. 르비우
는 이 점에서 예외다. 고풍스러운 역사 도시의 아우라가 감싸
고 있는 리녹 광장이나 골목 카페 야외석에 앉아 메뉴판을
들여다볼 때면 행복하기 그지없었다. 아마 여행자만이 누릴
수 있는 여유와 자유의 공기, 커피 향기가 이국적인 음식 맛

과 어우러져 내는 분위기 탓일 것이다. 다시 돌아갈 일상에는 산더미처럼 쌓인 일거리가 기다리고 있을지라도 이 순간 행복에 젖을 수 있어 만족한다.

다양하고 만족스러운 경험으로 친다면 르비우는 여러모로 진정한 유럽 도시다. 여행자로 들끓기 전의 그 유럽 말이다. 르비우는 종종 관광객으로 넘쳐나기 전의 프라하나 크라쿠프 같은 곳으로 비유되기도 하는데, 수긍이 가는 말이다. 르비우는 진정으로 유럽의 변방 동슬라브 지역 가운데서 외딴 섬처럼 빛나는 문화 도시이자 여행자 천국이다.

드디어 우크라이나 여행을 끝내고 집으로 돌아갈 시간이 되었다. 공항으로 가는 차 안에서 차창으로 스쳐 가는 광경을 하나하나 눈에 담았다. 고풍스럽고 축제 분위기의 구도심을 벗어나 차가 외곽으로 접어들었다. 창밖으로 소비에트 시절의 단조롭고 낡은 고층 아파트 건물들이 보이기 시작했다. 그제서야 '아 참, 내가 우크라이나에 와 있지' 하며 정신이 들었다.

4

소비에트 타임캡슐

벨라루스

민스크의 승리 광장은 2차 세계 대전의 승리를 기념하고 전사자를
추모하는 곳이다. 광장 중심에는 거대한 오벨리스크 기념비가 서 있다.

사회주의 리얼리즘 양식의 이 거대한 두상 조각은 투박하면서도 장중한 형상으로 브레스트 주둔군 병사들의 항전 의지와 희생을 표현했다.

'벨라루스가 어디에 있나요?' 벨라루스에 간다고 했을 때 제일 많이 들은 질문이다. 여행 좀 다녀본 사람은 무사한 여행을 비는 덕담 후에 "벨라루스에 뭐가 있다고⋯⋯" 하는 뒤끝 있는 촌평을 덧붙여 신경을 긁어놓았다. 굳이 분류하자면 벨라루스도 유럽이긴 한데, 언론에 뜨는 소식은 다른 유럽 국가와 달리 그다지 우호적이지 않다. 벨라루스 관련 외신에는 제3세계 스타일 독재자의 기행을 전하는 소식이 잦다. 루카셴코 대통령은 1994년 선거에서 승리한 후 여섯 번째 임기를 채우면서 장기 집권하고 있으니 그럴 만도 하다. 벨라루스에 대해 알려진 바로는 뉴스가 아니더라도 구소련 산하 공화국이자 아직도 그 시절의 모습을 갖고 있으며 체르노빌 사고 오염지역이라는 그다지 좋지 않은 이미지뿐이다. 벨라루스는 고풍스러운 유적이나 볼거리도 많지 않다.

한마디로 벨라루스는 유럽 대륙에서는 아직 거의 알려지지 않은 미지의 국가, 여행자가 없는 나라다. 이런 곳에서 제3세계가 아니라 낯익은 유럽의 흔적을 발견할 수 있을지도 확신이 서지 않았다. 그런데 2019년 《론리 플래닛》은 꼭 가보아야 할 10개 나라 중 하나로 벨라루스를 선정했다. 넘쳐나는 관광객으로 오염되지 않아 새로운 여행 경험을 할 수 있다는 점에서 선정된 것이다. 뒤집어 보자면 벨라루스는 가성비 따지는 여행자에게는 인기가 없다는 이야기도 된다.

벨라루스 여행을 망설이게 하는 실질적인 이유로는 입국이 까다롭다는 소문이 있었다. 오랫동안 벨라루스는 외국인에게 폐쇄적이어서 '유럽 국가'로서는 드물게 무비자 입국을 허용하지 않았다. 유럽 인근 지역 가운데 한동안 한국인이 비자를 받아야 하는 거의 유일한 나라가 벨라루스였다. 한국과는 1992년에 수교했고 한남동에 대사관이 있어 비자를 발급받으면 되지만, 거기까지 갈 엄두가 나지 않았다. 그러다 2018년 7월부터 한국인에게 30일 체류 동안 입국 비자가 면제됐다는 소식이 전해졌다. 그래서 입국 비자 면제 기념으로 이 유럽 같지 않은 변방 유럽 국가에 가기로 했다.

미지의 문으로 들어가다

여행지란 대개 갈 곳을 물색할 때는 그럴싸해 보여도, 막상 결정하고 나면 예상치 못한 온갖 소소한 문제점이 불거진다. 여행하기로 작정한 후에도 몇 가지 고심거리가 남았다. 의외로 벨라루스로 가는 항공편이 여의치 않았다.

벨라루스는 과거 소련 산하의 공화국이었고, 지금도 러

시아와 정치적으로나 경제적으로나 끈끈한 관계를 유지하고 있다. 당연히 항공편도 러시아를 경유하는 것이 가장 편리하다. 그런데 러시아에서 벨라루스로 들어갈 때는 출입국 수속이라는 절차 자체가 없다. 마치 한 나라 도시 사이를 오가는 국내선 이용하듯이 외국인도 모스크바에서 비행기를 타면 아무런 절차도 없이 벨라루스 공항으로 들어간다. 이렇게 되면 본의 아니게 불법 입국자 신세로 출국할 때 문제가 된다. 30일 비자 면제 조건에도 러시아 도시를 경유하는 항공편으로 들어가면 안 되며, 리투아니아나 폴란드 국경을 넘는 육로가 아니라 반드시 수도인 민스크 공항으로 입국해야 한다고 명시되어 있다.

결국 다른 유럽 도시를 경유해 긴 시간 동안 돌아가는 항공편을 이용할 수밖에 없었다. 파리를 경유한 후 다시 베를린 쇠네펠트 공항의 출국 수속대에 섰는데, 직원이 매서운 눈초리로 여권을 처음부터 끝까지 샅샅이 훑어보았다. 마치 금지구역으로 가려고 하는 수상한 용의자를 검문하는 듯한 느낌이 들어서 뭔가 예감이 좋지 않았다.

베를린에서 이륙한 벨라비아 항공편(물론 벨라루스의 국영 항공사다)은 비행한 지 두 시간도 채 안 돼 민스크 국제공항에 도착했다. 활주로에 내려서 바라보니 공항 청사는 거대한 콘크리트 요새 같은 모습으로 버티고 서서 감시의 눈초리로 나를 꿰뚫어보는 듯했다. 입국은 예상보다 수월했다. 소련에서 독립한 다른 국가처럼 험악하고 덩치 큰 보안 요원의 집요한 심문도, 거만하고 불친절한 제복의 직원도 없었다. 젊은 여직원이 환한 미소를 지으며 여권에 입국 도장을 찍어 주었다.

짐을 찾는 데 한참 걸렸다. 수하물용 회전식 컨베이어에는 번호를 붙여 놓는 친절도 없었다. 대강 눈치껏 자리를 잡고 기다렸다. 기다리다 화장실을 찾는데 잘 보이지 않아 한참을 걸었다. 청사 내의 좁은 복도는 온통 광고판과 가게로 들어차 걸어 다니기에도 불편했다. 여기도 자본주의의 맛을 알게 된 모양이다. 수화물용 회전 컨베이어 주변도 온통 광고판이었다.

가져온 미화를 벨라루스 루블로 환전해야 하는데 환전소가 입국장 어디에도 보이지 않아 물어보니 2층 출국장에만 있단다. 거기도 사람들이 길게 줄을 서 있어 또 한참을 기다렸다. 옛 사회주의 국가들에서 으레 그렇듯 직원들이 굼뜨고 비효율적으로 일하는 듯했다. 사회주의의 유산과 새로운 자본주의의 물결이 뒤섞여 소용돌이치는 이 나라에는 입국장 관리의 미소와 친절로 때울 수 없는 허술함이 아직 남아 있었다.

소비에트 시간 여행

입국 전에 알아놓은 대로 공항에서 도심 버스 터미널로 가는 공항버스를 탔다. 버스는 시원하게 펼쳐진 벌판을 한참 달렸다. 도심이 가까워진 듯 높은 건물이 드문드문 모습을 드러내

∧ 민스크는 오랜 역사 도시이지만 이제는 초현대적인 고층 건물로 채워져 있다.

기 시작했다. 한국의 도시인에게 익숙한, 바로 갓 완공된 듯한 규격화된 고층 아파트 단지가 나타났다. 민스크 시가지에 들어서면서 공공기관 청사로 보이는 웅장한 건물이 하나둘씩 보였다. 도로는 놀랄 정도로 넓고 반듯하게 정비되었는데, 책에서만 보던 소비에트 계획도시의 진면모를 보는 듯했다. 낯선 건물과 조형물로 채워진 깨끗하고 인적 드문 거리는 마치 영화 세트장 같았다.

버스 터미널은 중앙역 바로 옆에 붙어 있었고 오가는 사람들로 붐볐다. 중앙역 광장 건너편에는 스탈린주의 양식의 이국적인 건물이 거리를 내려다보며 서 있었다. 가방을 끌고

∧ 중앙역을 나서면 건너편에서 스탈린주의 양식의 건물을 마주치게 된다.

숙소를 찾아 걷기 시작했다. 스탈린주의풍의 고층 건물 옆으로 자로 잰 듯 반듯한 건물들이 이어져 있었다. 인도는 넓고 깨끗하게 정비되어 걷기에는 편했는데, 인적이 드물어 휑하다는 느낌마저 들었다. 호텔로 가는 길목에는 군데군데 예쁘게 단장된 작은 녹지 공원이 들어서 있었다.

호텔은 독립 광장이 내려다보이는 도심 요지에 있었다. 무표정하고 사무적인 직원이 이것저것 작성해야 할 서류를 건네주었다. 객실 층으로 올라가는 엘리베이터는 답답할 만큼 작았다. 승강기에서 내리니 길게 뻗은 복도를 따라 붉은 카펫이 깔렸고 객실이 끝없이 늘어서 있었다. 이 규격화된 건물에

∧ 독립 광장은 소련 시절에는 레닌 광장으로 중요한 정치 행사가 열리던 곳이다.
› 독립 대로는 민스크 시내를 동북쪽에서 서남쪽으로 비스듬히 가로지르고 있다. 이 대로를 따라서 민스크의 중요 건물이 들어서 있다.

는 옛 소련 시절의 느낌이 여전히 배어 있었다. 서류를 작성하면서 보니 호텔도 국영 기업인 듯했다. 어쩐지 종업원들이 공무원 분위기를 풍기는 게 이해가 갔다.

호텔 바깥에 있는 넓은 공터는 '독립 광장'이다. 이곳은 사회주의 시절에는 레닌 광장이라 불렸다. 소련 시절에 정치 집회와 공식 행사를 위해 건설했는데, 노동절(5월 1일), 2차 세계 대전 승전 기념일(5월 9일), 10월 혁명 기념일(11월 7일) 등 중요한 공식 행사가 여기서 열렸다. 소비에트 시절 벨라루스의 최고 권력자인 벨라루스 공산당 서기장과 정치국원들이 광장 한편 레닌 동상 앞에 세워진 연단에 올라 운집한 군중을 대상으로 일장 연설을 늘어놓는 장면을 상상해 보았다.

독립 광장은 2차 세계 대전 때 철저하게 파괴되었다. 이 광장은 소련이 해체된 후에야 본격적으로 재건이 시작되어 2002년에 현재의 모습을 갖추었다. 벨라루스 독립 후 독일 항복을 기념하는 50주년 행사가 여기서 대대적으로 열렸다. 인접한 대로 밑으로 지하도가 관통되고 광장 지하에는 서구식 쇼핑몰도 들어섰다. 광장에 서서 정부청사 쪽을 바라보면 돔 모양의 유리 지붕들이 바닥에서 비죽 솟아 있는데, 바로 그 밑에 쇼핑몰이 있다. 계단으로 내려가 보니 지하 3층까지 탁 트인 공간을 중심으로 넓은 복도 양쪽에 상점이 줄지어 있었다. 군데군데 빈 가게가 보이고, 매장은 손님이 많지 않아 썰렁했다. 사회주의 혁명가 레닌의 동상과 자본주의 소비문화의 정수인 쇼핑몰이 어색하게 공존하고 있었다.

광장의 공식적인 위상을 보여 주듯 주변에는 벨라루스국립대학교, 민스크 시의회, 시장 집무실 등 벨라루스의 주요 기관 건물들이 들어서 있다. 한때 벨라루스 최고 소비에트 건물이었다가 지금은 벨라루스 의회 역할을 하는 청사가 가장 눈에 띈다. 단조롭고 기능적인 사각형 모양으로 지은 현대식 건물 앞에는 레닌 동상이 서 있고 오가는 사람이 적어 오싹한 느낌까지 든다. 2차 세계 대전 때 민스크의 거의 모든 건물이 파괴되었을 때도 이 건물은 무사하게 제자리를 지켰다. 그 옆에는 또 다른 '붉은' 건물이 서 있는데, 폴란드식의 붉은 벽돌로 지어 '붉은 교회'로 불리는 성 시몬과 헬레나 교회Church of Saints Simon and Helena다. 종교를 탄압한 소비에트 시절에는 영화관으로 용도가 바뀌었으나 지금은 새로 단장해 가톨릭교회로 다시 사용되고 있다.

독립 광장 옆으로는 넓은 대로가 지나가는데 이 거리는 레닌 광장 남서쪽에 있는 중앙역에서 시작해 중심부를 관통해 외곽까지 북동쪽으로 15킬로미터에 걸쳐 뻗어 있는 중심 거리다. 지금은 독립 대로라 불리지만, 벨라루스 독립 직후인 1991년부터 2005년까지는 프란치스크 스카리나 거리였고, 더 거슬러 올라가 소련 시절에는 소비에트 거리, 3월 25일 거리, 스탈린 거리, 레닌 거리 등으로 불렸다. 정치의 부침에 따라 도시 지명과 거리 이름도 바뀌었다.

∧ 붉은색의 성 시몬과 헬레나 성당은 소련 시절에 폐쇄되었으나 독립 후 다시 문을 열었다. 성당 앞에는 용을 제압하는 성 조지의 동상이 서 있다.

독립 대로에는 민스크의 대표적인 상징적 건축물이 곳곳에 늘어서 있다. 정부청사, 국가보안위원회(KGB), 대통령궁, 극장, 컨벤션센터, 국립 도서관 등 굵직한 공공기관과 10월 광장, 전승 광장, 고리키 공원 등 광장과 공원이 자리 잡고 있다. 민스크를 방문한 외부인들은 반듯한 거리와 공공건물, 공원, 광장이 어우러져 만들어 내는 웅장하면서도 쾌적한 도시 경관에 감탄할 수밖에 없다. 거리는 어딜 가든 낙서나 쓰레기도 없이 깨끗하기만 하다.

민스크의 독립 대로에 늘어선 건물 역시 소련의 황금기에 일종의 대외적인 체제 과시용이자 시범용으로 지은 것들이다. 벨라루스는 2차 세계 대전 때 독일군의 진군 경로 한가운데 위치해 조금 과장하면 벽돌 한 장 남지 않을 정도로 전 국토가 초토화되었다. 전쟁이 끝난 후 스탈린은 폐허가 된 거리를 허물고 당시 소련 최고 건축가들을 동원해 소비에트 양식으로 도시 구역과 거리를 구획하고 설계했다. 독립 대로는 전쟁 전의 세 배 정도로 확장해 직선으로 뚫었고, 사회주의 양식의 웅장한 공공건물을 잇달아 지었다. 독립 대로를 따라 걷다 보면 자주 마주치는 익숙한 것 같으면서도 다소 낯선 건물들은 유럽식 고전주의 양식에 스탈린주의 양식을 가미한 것이다. 종전 후 소련은 세력권 안의 여러 주요 도시를 소비에트 양식으로 재건했지만, 민스크만큼 철저하게 스탈린주의 양식대로 도시를 설계하고 건물을 채운 곳은 없었다.

∧ 과거 벨라루스 소련군 본부 건물은 행사용 시설로 바뀌었다. 그 앞에는 2차 세계 대전 때의 탱크를 기념비처럼 전시해 놓았다.

대략 3차선 넓이 정도는 되어 보이는 인도는 보행자가 거의 없어 시원하다 못해 휑해 보였다. 벨라루스는 국토 면적이 남한의 두 배 정도인데 인구는 940만 명(2020년 추정치)에 불과하다. 그나마 사람들로 붐비는 편인 수도 민스크가 이 정도이고, 도시 외곽으로 조금만 나가면 넓은 평원에 호수와 숲이 우거진다. 벨라루스에는 1,100개의 호수와 2만여 군데의 크고 작은 강이 있다. 산지가 많은 한국과 달리 국토 대부분이 평지이니 체감하는 한산함은 더한 듯하다.

독립 광장에서 도심을 향해 걷다가 독립 대로가 엥겔스 거리와 교차하는 지점에 이르면 행인이 좀 많아진다. 여기에

∧ 10월 광장은 소련의 10월 혁명에서 이름을 땄다. 광장 주변에는 공화국 궁전, 노동조합 문화 궁전, 대통령궁 등 중요한 건물이 자리하고 있다.

10월 광장이 있다. 광장 주변에는 노동조합 문화 궁전, 공화국 궁전 등 웅장한 고전주의풍에 무슨 '궁전'이라는 이름이 붙은 행사용 건물들이 나란히 서 있고, 대통령궁과 국립 극장도 보인다. 가는 방향에서 오른쪽으로 찻길을 건너면 전면에 소련제 탱크를 기념비처럼 전시한 건물이 눈에 띈다. 이전에는 벨라루스 소련군 본부였다고 하는데, 2차 세계 대전의 포화를 견디고 남은 극소수의 건물 중 하나다. 지금은 군 관련 행사장으로 사용되고 있다.

　10월 광장은 바로 소련 건국의 시발점이 된 10월 혁명에서 이름을 따왔다. 소련 시절 레닌 광장으로 불리던 독립 광

장이 전시에 파괴되고 복구가 늦어지는 바람에 그 대신 여기서 군 열병식과 기념행사가 자주 열렸다. 1957년에는 10미터 높이의 스탈린 동상이 서 있었는데, 스탈린 격하 운동 때 철거되었다. 2000년 이후에는 크리스마스가 다가오면 초대형 트리가 들어서고 스케이트장도 문을 여는 등 지금은 정치성 행사 외에 좀 더 부드러운 용도로도 사용된다.

한여름의 땡볕 아래 대리석과 콘크리트 건축물 사이를 종일 돌아다녔더니 더위와 피로로 현기증이 날 지경이다. 독립 대로를 따라 늘어선 공원에 들어가 벤치에 걸터앉아 숲 사이로 하늘을 바라보았다. 주인공을 알 수 없는 조각상 아래 분수대의 물소리가 시원하다. 여기서 작은 강을 건너 몇 발자국만 더 가면 승리 광장Victory Square이 나온다. 공항에서 시내로 들어올 때 한가운데 높은 오벨리스크가 들어선 로터리를 지나왔는데, 그 기념비가 들어선 곳이 승리 광장이다.

광장 인근에는 1차 러시아사회민주주의노동당대회 박물관이란 거창한 이름의 박물관이 있다. 물어물어 찾아갔더니 시골 농가처럼 생긴 작은 집에서 한가롭게 담소를 즐기던 관리인 할머니 둘이 화들짝 놀란 듯 낯선 방문객을 맞는다. 세계 공산주의 운동사에서 중요한 사건의 현장인 만큼 호치민, 카스트로 등 여러 공산 국가 지도자들이 방문해서 남긴 사진과 서명 등의 기록도 있었다.

인근에 미국의 존 F. 케네디 대통령 암살범 리 하비 오스

∧ 러시아사회민주주의노동당대회 박물관은 공산주의 운동사에서 획을 그은 중요한
사건을 기념하는 시설이다. 시설 자체는 시골 농가처럼 소박하다.

월드가 살던 아파트가 있다고 해서 찾아 나섰다. 주소만 들고
골목을 헤매다 보니 안내판 하나 없이 무심한 주민들만 간혹
오가는 건물 사이로 작은 고양이 한 마리만 마당 한편에서 졸
고 있었다.

　다시 대로로 나와 지하도를 거쳐 승리 광장으로 올라섰
다. 전승 기념일 등 국경일마다 도심 광장에서는 대규모 집회
가 열리고 대대적인 퍼레이드가 시작되는데 그 종점은 늘 이
승리 광장이 된다. 지금은 주말이면 젊은 신혼부부들이 사진
찍는 장소로 인기 있지만 2차 세계 대전에서 목숨을 바친 군

∧ 승리 광장 지하도는 소비에트 시절의 상징물로 가득 차 있다. 2차 세계 대전의 영웅적 투쟁을 묘사하는 그림이 벽을 장식하고 있다.

인과 게릴라의 희생이 담긴 역사 현장이다. 승전 기념일이 되면 옛 소련 훈장을 방패처럼 주렁주렁 가슴에 단 노병들이 여기서 헌화하는 장면을 떠올려 보았다.

광장의 기념비는 분위기부터 심상치가 않다. 38미터에 달하는 육중한 화강암 오벨리스크 모양의 기둥 위에 3미터 높이의 소련식 문장 조각을 올렸다. 낫과 망치 모양의 문장이 선명한 이 조각은 소련 시절의 최고 영예인 '전승 훈장'을 복제한 기념물이다. 소련은 2차 세계 대전에서 뛰어난 전공을 거둔 장군 12명과 외국 지도자 5명에게만 이 훈장을 수여했

∧ 승리 광장 기념비에는 사회주의 양식이 물씬한 전쟁 관련 부조가 새겨져 있다. 그 위에는 소비에트의 문장이 선명하게 붙어 있다.

∧ 승리 광장에는 소련 시절의 12개 영웅 도시 기념비가 양쪽으로 늘어서 있다.

으니, 기념비 형식으로나마 전사자에게 최고의 예우를 헌정한 셈이다. 기념비 기단 전면 아래에는 승리의 검, 사방에는 청동 부조가 새겨져 있고 기념비 앞에는 영원의 불꽃이 24시간 불타오르고 있다. 기단의 청동 부조는 각각 '1945년 5월 9일 종전의 날,' '위대한 조국 전쟁 중 소비에트군,' '벨라루스의 빨치산 투사들,' '해방에 목숨 바친 영웅에 대한 추도' 등의 주제를 담았다.

소련의 전쟁 영웅담이 가득한 조형물은 추모비뿐 아니라 지하와 주변까지 온통 널려 있다. 지하에는 희생자 566명의 이름을 새긴 긴 벽면이 있고, 소련풍의 요란한 벽화와 조각이 무심하게 오가는 행인들의 눈길을 끌었다. 기념비에서 찻길 건너 건물 옥상에는 러시아어로 붉은색의 구호를 새겨 놓았는데, '인민의 영웅적 행위는 영원하다'라는 뜻이다. 기념비에서 시내를 향해 돌아서면 12개의 나지막한 대리석 비석들이 양쪽에 늘어서 있다. 옛 소련 산하의 공화국 도시마다 볼 수 있는 이 기념물은 2차 세계 대전에서 치열한 격전지였던 모스크바, 상트페테르부르크, 볼고그라드 등 12개 '영웅 도시' 주민들의 투쟁을 기리기 위한 것이다. 그 비석 아래에는 해당 도시의 흙을 담은 캡슐을 묻어놓았다. 지금은 단지 도시 이름을 새긴 바윗돌에 불과해 보이지만, 전쟁을 경험한 노년 세대에게는 엄청난 희생과 공포의 기억을 떠올리게 하는 기념물이다.

말하자면 승리 광장은 소비에트 시절의 정치적, 이념적 청사진과 역사관을 그대로 구현한 살아 있는 기념비다. 냉전 시대에 철저한 반공 교육을 받고 자라난 내가 적국으로 여기던 옛 소련 도시 한가운데 서서 그 시절의 모습을 이렇게 생생하게 목격하고 있다는 것이 믿기지 않았다.

소비에트 시절의 기억을 환기하는 장면은 이 밖에도 도시 군데군데에서 쉽게 발견할 수 있다. 민스크 체류 동안 묵은 호텔에서는 아침 식사를 할 때마다 창밖으로 고전주의풍의 대리석 건물이 눈에 들어왔다. 중앙 우체국이라고 하는데, 건물 전면에는 별과 더불어 낫과 망치로 된 소비에트 문장이 선명하게 남아 있다. 벨라루스는 독립한 후 국가의 상징을 유럽 스타일의 국장으로 바꿨는데, 루카셴코가 집권한 후 1995년 국민투표를 거쳐 과거 소비에트 시절을 연상시키는

∧ 민스크의 건물에는 아직도 군데군데 소비에트 시절의 문장이나 조각이 많이 남아 있다. 벨라루스 중앙 우체국 전면에도 소비에트 문장이 새겨져 있다.

디자인으로 되돌아갔다. 새 국장은 언뜻 보기에는 낫과 망치를 벨라루스 지도 모양으로 대체했을 뿐 이전의 소비에트 국가 문장과 비슷해 착각을 일으킨다.

민스크에 있는 소비에트 상징물의 압권은 '위대한 조국 전쟁 기념관Belarusian Great Patriotic War Museum'이다. 원래 이 기념관은 도심 10월 광장에 있었는데 2014년에 승리자 거리 Pobediteley Ave.에 새 건물을 신축해서 옮겼다. 새로 지은 기념

위대한 조국 전쟁 기념관에 이르면 넓은 대지의 야트막한 언덕 위
에 거대한 오벨리스크 모양의 기념비가 멀리서부터 눈에 들어온다.

관은 멀리 버스 안에서도 한눈에 들어올 정도로 주변 경관을 압도하는 웅장한 시설이다. 탁 트인 넓은 대지에 꽃봉오리처럼 벌어진 조형물 사이에 승리의 표시로 두 손을 치켜든 여인상이 서 있고 한가운데는 큰 별이 새겨진 오벨리스크가 우뚝 솟아 있는 형상으로 되어 있다.

　이 기념물은 2차 세계 대전의 희생자를 추모하고 승전을 기념하기 위한 시설물이다. 이 전쟁에서 소련은 특히 치열한 전쟁터가 되어 큰 인명 피해를 입혔다. 당시 영국이나 미국 등 연합군 소속 국가의 희생자 수가 대략 40만 명대에 불과한 반면, 소련은 3,000만 명에 가까운 사람들이 목숨을 잃었다. 특히 벨라루스는 전쟁 내내 가장 치열한 전선이자 3년간 독일 점령지이기도 해 유독 피해가 컸다. 전쟁 전 벨라루스의

900만 인구 중 대략 4분의 1에서 3분의 1이 전사나 학살, 또는 점령기의 참혹한 여건 때문에 사망했다.

벨라루스 소비에트 사회주의 공화국은 전쟁이 채 끝나기도 전에 나치 지배 종식을 기념하기 위한 박물관 건립에 착수했다. 이 박물관은 1944년 10월 25일 현재의 10월 광장 자리에서 처음으로 문을 열었다. 2차 세계 대전의 포화 속에서 개장한 첫 박물관이었다. 특히 2014년에 새로 지어 이전한 현재의 전쟁 기념관은 규모부터가 엄청나다. 24개 전시실에 전시물 약 14만 3,000점이 진열되어 있다. 개관식에는 루카셴코 대통령이 러시아의 푸틴과 나란히 참석해 오래된 형제 국가로서의 전우애를 과시했다.

박물관 입구로 다가가면 전쟁터로 떠나기 전 애인과 이별 중인 소련 병사의 조각상이 눈에 띈다. 이 조각은 애국주의적이면서도 대단히 감상적인 느낌을 자아내면서 전쟁의 비극을 강조했다. 유리와 강철로 된 주변의 조형물에는 곳곳에 사회주의 리얼리즘 양식의 부조가 새겨져 있다.

전시실에는 전쟁 당시 상황을 묘사하고, 온갖 무기와 기록, 깃발 등 관련된 자료를 세심하게 전시해 놓았다. 특히 수많은 참전 병사들의 개인 사진과 사물을 전시해 이 참혹한 전쟁이 모든 사람의 영웅적 행위이자 개인적 비극임을 환기해 준다. 건축물 구조나 전시물, 시각적 배치, 음악 등 전쟁 경험을 다각도로 비추는 장치 속에서, 마치 소련 시절 한복판

∧ 출전을 앞둔 소련 병사가 애인과 작별하는 모습은 대단히 애국주의적이면서도 감상적인 느낌을 물씬 풍긴다.

∧ 위대한 조국 전쟁 기념관에는 전쟁 당시의 소련군 탱크, 항공기 등 대형 무기도 입체적으로 전시되어 있다.

으로 걸어 들어간 것 같은 착각에 빠졌다. 소련 해체 전의 모스크바 한가운데에 이 박물관을 그대로 옮겨놓아도 전혀 어색하지 않을 것 같다. 박물관 지붕에는 옛 소련 깃발이 나부끼고 있었다.

며칠 동안 민스크 도심을 돌아다니면서 마치 타임머신을 타고 과거 소련 시절로 되돌아간 것 같은 강렬한 체험을 했다. 소련 해체 후에는 심지어 모스크바에서도 보기 힘든 광경이 벨라루스에서는 일상 풍광을 이루고 있었다. 벨라루스, 특히 민스크는 1970년대 소련 전성기의 모습을 타임캡슐에 담아 둔 듯했다. 민스크는 다른 곳에서도 볼 수 없는 독특한 장소임에는 틀림없다.

보이는 게 다가 아니다

호텔에서 나와 독립 대로를 따라 한두 블록만 가면 대로변에 작은 녹지 공원이 있고 거기에는 흉상 하나가 맞은편 건물을 바라보고 서 있다. 유럽 도시라면 어딜 가든 만나는 흔한 풍경이라 그냥 지나치기 쉽다. 그런데 동상 발치에는 키릴 문자로 펠릭스 제르진스키Felix Dzerzhinsky라고 적혀 있다. 제르진스키는 러시아 볼셰비키 혁명기에 활동한 혁명가이자 '체카Cheka'라는 정보기관을 창설한 인물이다. 체카는 냉전기 스파이 영화에서 단골 소재이던 소련 국가보안위원회, 즉 KGB의 전신이다. 제르진스키는 이 KGB의 기틀을 닦아 20세기 공산권에서 비밀경찰과 정치 경찰의 아버지라 불리는 인물이다. 냉전기 소련의 가장 악명 높은 상징이 아직도 벨라루스 수도 한복판에 버젓이 남아 있는 것이다.

제르진스키는 여러모로 독특한 이력을 지닌 인물이다. 현재의 벨라루스 민스크에서 서쪽으로 56킬로미터 떨어진 이뱌나츠라는 작은 마을의 폴란드 귀족 집안에서 태어났다. 일찍부터 공산주의 운동에 투신했다가 러시아 볼셰비키와 인연이 닿아 10월 혁명에 가담했다. 레닌의 지시로 체카를 조직했는데, 무소불위의 정보기관 수장 역할 외에도 내무장관, 통신장관, 국가경제최고회의 의장 등 요직을 두루 겸직해 소련 공산당 내에서 막강한 권력을 쥔 인물이었다. 그런데도 정

∧ 소련 KGB의 전신인 체카를 창설한 제르진스키 동상. 러시아를 비롯해 구 사회주의 국가에서는 거의 잊혀진 인물을 벨라루스는 여전히 기념하고 있다.

작 권력에는 초연하고 혁명과 정보기관의 대의에만 충실했다고 한다. 공산권 정보기관 공동체에서는 이래저래 신화적인 인물이다.

워낙 거물이니만큼 소련 시절에는 여러 공산 국가의 도시나 거리, 광장에 그의 이름이 붙었고 동상도 세워졌다. 벨라루스에서도 민스크 인근의 폴란드인 자치구를 제르진스카야로, 중심 도시를 제르진스크로 이름 지었다. 모스크바에서는 KGB 본부가 있는 루비얀카 광장에 무려 15톤 무게의 거대한 강철 동상이 들어섰다. 이 동상은 '철의 펠릭스the Iron

Fexlix'라 불리면서 한동안 절대 권력 KGB의 상징이자 도시 랜드마크 구실을 했다.

제르진스키 동상 맞은편에 노란색 칠을 한 고전주의풍 건물이 대로를 향해 있는데, 이 건물이 벨라루스 KGB 본부 다. 벨라루스는 소련이 해체되고 독립한 후 형식적으로나마 서구식 민주주의 제도로 전환했지만, 소련 시절의 무시무시 한 정보기관은 이름조차 바꾸지 않은 채 건재하다. 제르진 스키가 세운 체카는 소련 붕괴 후 KGB가 해체, 개편될 때까 지, 통합국가정치국(OGPU), 내무인민위원회(NKVD), 국가안 전부(MGB) 등으로 여러 차례 이름을 바꾸고 역할이나 조직 도 개편했다. 하지만 초창기 러시아 내전기에 체카가 하던 일, 즉 이른바 '혁명의 적'을 색출해 처단하는 기능은 바뀌지 않 았다. 누구든 일단 용의자로 지목되면 재판이나 법적 절차는 생략되었고, 정보기관이나 요원의 개인적 판단, 변덕에 따라 즉결 처형, 테러, 고문, 폭력 등이 자행되었다.

소련 정보 기구는 내무부의 문서 관리나 증명서 발급 같 은 행정 업무에서 시작해, 수사와 사찰, 첩보, 교도소 운영, 국경 수비 등에 이르기까지 온갖 기능을 겸했고, 수십만 명 에 달하는 군부대까지 거느렸다. 우리 식으로 말하면, 내무 부(행정자치부), 경찰, 검찰, 법원, 국정원, 국방부, 교도소 등의 기관을 모두 합쳐 놓은 격이었다.

도심과 호텔을 오갈 때마다 늘 이 인적 끊긴 건물 앞을 지나치게 된다. 그런데 선입견이란 참 무서운 것이다. 더운 여름날인데도 한적한 건물에서 오싹한 한기가 느껴졌다. 공식화된 규정은 아니지만, 벨라루스에서 권력 기관 건물의 사진은 찍지 않는 것이 불문율이다. KGB 건물은 여기저기에 감시 카메라가 거리를 향하고 있어 지나갈 때마다 왠지 모르게 주눅이 들어 서둘러 걸음을 재촉하곤 했다.

소련이 해체되면서 이 악명 높은 정보기관 KGB의 원조 제르진스키는 사회주의 국가에서조차 찬밥 신세가 됐다. 소련에서는 1991년 개방 정책에 반발해 강경 공산주의 세력이 일으킨 쿠데타가 실패한 후 '철의 펠릭스'는 철거됐다. 폴란드에서는 '조국 폴란드를 버리고 러시아에 붙은 인간'이라는 평가까지 더해져 제르진스키의 흔적은 즉각 청산 대상이 됐다. 1989년 바르샤바의 제르진스키 광장은 '은행 광장'이라는 무미건조한 이름으로 개명했다. 벨라루스만이 그의 동상을 남겨두었다.

벨라루스는 KGB의 이름과 제르진스키의 동상을 보존할 뿐 아니라 한술 더 떠 소비에트 시절의 악명 높은 유산을 강화하는 조치를 했다. 2005년 벨라루스 정부는 이뱌나츠에 있던 제르진스키의 생가를 복원하고 박물관을 개관했다. 1943년에 이뱌나츠를 점령한 독일군은 제르진스키의 생가를 파괴하고 가족은 살해 후 방치했다. 현재 벨라루스 KGB사관학교 졸업생은 이 생가에서 요원으로서의 부임 선서를 한다. 2006년 민스크에 있는 벨라루스군 사관학교는 운동장에 10미터 높이의 '철의 펠릭스'를 다시 세웠다. 1991년 모스크바에서 철거된 바로 그 동상의 복제판이다. 벨라루스에서는 역사의 시계가 거꾸로 가고 있다.

기념물과 동상, 이름을 통해 벨라루스 정부가 던지는 메시지는 지나간 전쟁의 승리와 상처에 대해서가 아니라, 벨라루스의 현재와 미래에 보내는 것이리라. 제르진스키 동상은 벨라루스에서 정보기관뿐 아니라 국가 권력 기구의 위상에 대한 인식을 상징적으로 드러낸다. 현재 벨라루스의 억압적 정치 체제는 대중이 기억하는 KGB의 성격과 판박이다.

소비에트 상징물 투어를 대략 마치고 다시 10월 광장으로 나왔다. 민스크에서 도심 중의 도심이자 '번화가'인 이곳은 체류하는 동안 여러 차례 방문할 수밖에 없다. 광장은 소비에트 시절의 모습 그대로 남아 있어 마치 지금이라도 소련 군대가 붉은 깃발을 휘날리면서 퍼레이드를 벌일 것만 같다.

2006년 바로 소비에트 체제의 이 심장부에서 민주화를 요구하는 '청바지 혁명'이 전개되었다. 당시 대통령 선거에서 부정이 자행되었다고 믿은 수만 명의 시위대는 이 광장에 모여 흰색과 붉은색으로 된 깃발을 흔들며 시위를 벌였다. 이 깃발은 벨라루스가 소련에 편입되기 전인 1918년부터 1921년까지 존재했던 벨라루스 민주공화국 국기이자 독립 후부터 1994년까지 사용된 국기로서 반체제 운동의 상징처럼 인식

∧ 민스크 도심에는 소련 시절의 사회주의 리얼리즘 양식의 조각이 많이 남아 있다.

됐다. 경찰이 시위대의 깃발을 압수하자 당시 청년운동 지도
자이던 미키타 사심이 청으로 된 셔츠를 벗어서 흔들며 이제
는 이것이 우리의 깃발이라고 외쳤다. 소비에트 시절 서구 자
본주의 문화의 상징으로 간주하여 금기시되던 진은 이후 벨
라루스에서는 저항의 표시가 되었다. 우크라이나와 조지아
등 다른 동구권 국가와는 달리 벨라루스의 민주 혁명은 결국
실패로 끝났다. 여행을 다녀온 후인 2020년 8월 소비에트 시
절을 상징하는 또 다른 광장인 독립 광장에서도 대대적인 반

정부 시위가 벌어졌다는 소식을 들었다. 지금도 벨라루스는 시위와 탄압이 반복되고 있다.

소비에트 시절의 도시 경관에도 불구하고 민스크에는 자본주의와 서구화의 물결이 밀려들고 있다. 10월 광장은 한때 사회주의 체제의 정치적, 정신적 심장부였지만 이제는 반정부 시위가 벌어질 때마다 시위대가 모여드는 민주화의 상징이다. 한국의 시청 앞 광장이나 광화문 광장처럼 말이다. 이제는 사람들이 붐비는 번화가로서 다국적 자본주의 기업의 간판들이 경관을 장악한 곳이기도 하다.

민스크는 랜드마크급 광장과 공공건물뿐 아니라 거리 구석구석 소비에트 시절의 조각과 상징물로 넘쳐난다. 그렇다고 모든 면에서 소련 시절에 머물러 있는 것은 아니다. 소비에트의 풍경은 그냥 환상일 뿐이다. 역시 보이는 게 전부는 아니다.

브레스트 요새의 신화

잠시 민스크를 떠나 국경 도시 브레스트로 가는 기차에 몸을 실었다. 목적은 딱 하나, 브레스트의 대표 관광지이자 2차 세계 대전 격전지로 유명한 브레스트 요새를 보기 위해서였다. 기차는 지정석으로 발권했는데, 유럽에서 흔히 보던 것처럼 좌석이 네 사람이 마주 보고 앉는 방식이었다. 건너편과 옆자리에 젊은 여성이 와서 앉는다. 맞은편에는 군복 차림의 젊은

∧ 브레스트 중앙역은 소비에트 시절의 모습을 그대로 간직하고 있다. 역사 정면에는 소련 시절의 문장이 선명하게 남아 있다.

이가 앉아 있었다. 낯선 사람과 눈을 맞대기엔 불편하기도 해서 내내 창밖만 내다보았다. 목적지까지 3시간 남짓 걸렸는데, 창밖으로는 넓은 평원과 숲이 끝없이 펼쳐졌다. 기차 여행의 풍광과 지루함, 그리고 일상적인 상황에 젖어 그간 벨라루스에 와서 느꼈던 심각한 생각은 잠시 잊어버렸다.

　　브레스트의 숙소에 도착한 후 산책을 나섰다. 호텔 바로 뒤에서 시내까지 이어진 길은 보행자 전용 도로로 나름대로

∧ 브레스트의 번화가는 서구 관광객의 입맛에 맞게 화려하게 꾸몄지만, 아직도 소련 시절의 이름인 '소비에트 거리'를 그대로 보존하고 있다.

관광 도시의 모습을 하고 있었다. 보행자 전용 도로를 지정하고 자그마한 동상이나 꽃밭, 시계탑 등으로 방문자의 눈길을 끌려고 한 흔적이 보였다. 브레스트가 폴란드와 국경을 맞댄 도시인지라 국경을 넘어오는 관광객 무리가 적지 않을 테니 이해가 갔다.

그런데 거리 이름이 소비에트스카야, 바로 소비에트 거리다. 지도를 들여다보니 브레스트 시가지의 주요 거리 이름이 마르크스 거리, 레닌 거리/광장, 콤소몰(공산주의 청년동맹) 거리,

∧ 레닌 거리의 레닌 조각상.

엥겔스 거리, 뭐 이런 식이다. 푸시킨 거리는 옛 러시아의 흔적마저 풍긴다. 거리 이름에까지 신경을 못 쓴 걸까, 의도적으로 보존한 것일까. 그 이유는 다음 날 깨닫게 되었다.

브레스트 요새까지는 시내버스가 다닌다고 하는데, 그냥 걷기로 했다. 7월의 햇살은 뜨거웠다. 더위로 슬슬 짜증이 치밀기 시작할 무렵 멀리 넓은 주차장과 거대한 콘크리트 구조물이 모습을 드러냈다. 브레스트 요새는 19세기에 군 주둔용으로 지은 군사 시설이지만 2차 세계 대전의 치열한 격전지로 폐허가 되었고, 그 자리에 추모 시설과 박물관이 들어섰다. 원래 요새는 부크강과 무하베츠강의 두 지류가 만나는 곳에 외성과 내부 요새의 이중 방벽 형태로 지었다.

1941년 6월 22일 나치 독일군은 바르바로사 작전에 따라 요새에 대규모 기습 공격을 감행했다. 동부 전선의 중앙 집단군이 투입된 대대적인 공세였다. 독일군 수뇌부는 하루 정도만 공격하면 충분히 함락시킬 것이라 낙관했다. 하지만 예상외로 수비대의 격렬한 저항에 부딪혀 결국 공군 폭격기까지 동원한 후 8일 만에야 요새를 점령했다. 그만큼 브레스트에서의 저항이 격렬했다는 뜻이다.

한동안 잊혔던 이 요새의 전투는 전후 소련 중앙당이 체제 선전용으로 영웅적 투쟁 이야기를 발굴하는 과정에서 다시 빛을 보게 된다. 1950년대 중반 브레스트 전투의 영웅담은 부풀려지면서, 수비대가 32일 동안 요새를 사수했다는 신

> 총탄 자국이 군데군데 패인 브레스트 요새 성문은 이곳이 19세기의 역사 유적이면서 2차 세계 대전 때 치열한 전쟁터였음을 증언해 준다.

∧ 브레스트 요새 입구는 사회주의를 상징하는 거대한 별 모양의 조각으로 되어 있다.
이 문을 들어서면 장엄한 음악이 흘러나온다.
∨ 브레스트 요새의 박물관에는 당시 병사와 주민들의 처절한 항전 양상을 상상할 수
있게 하는 사진과 기록, 물품 등이 전시되어 있다.

화까지 퍼졌다. 1965년 소련은 1941년의 영웅적 투쟁을 기리는 뜻에서 브레스트에 최고의 영예인 '영웅 요새'라는 칭호를 부여했다. 1971년에는 폐허가 된 요새 자리에 사회주의 리얼리즘 양식으로 건설한 거대한 추모 시설이 문을 열었다. 현재의 브레스트 요새가 바로 그 시설이다.

요새는 입구부터 분위기가 범상치 않았다. 거대한 콘크리트 덩어리에 사회주의를 상징하는 초대형 별을 음각으로 새겨놓았다. 새긴다는 표현이 적절한지 의문이 들 정도로 구조물의 규모는 엄청나게 컸다. 별 모양의 입구에 가까이 가면 비장한 음악이 방문자를 압도한다.

입구에 들어서자 왼쪽에는 허물어진 벙커를 배경으로 옛 소련군 탱크들이 전시되어 있었다. 아이들은 신이 나서 탱크 주변에서 뛰놀고 있었다. 조금 더 걸어가자 갈등으로 몸을 뒤틀며 죽어가는 병사의 모습을 새긴 '목마른 병사' 조각이 나타났다. 전력이 열세인 데다 보급품도 부족한 상태에서 끝까지 사투를 벌였던 당시 병사와 주민들의 고통이 생생히 전해지는 듯했다.

조금 더 걸어가니 사방이 탁 트인 커다란 광장이 나오고 오벨리스크 모양의 추모비와 거대한 두상 모양의 조각이 시선을 압도했다. 두상 조각은 높이가 32미터에 달하며 사회주의 리얼리즘 특유의 단순하고 투박하면서도 장중한 스타일로 새겼다. 2014년 CNN은 이 두상을 '세계에서 가장 추한

조각'으로 선정했다가 러시아권에서 큰 반발을 산 적이 있다. 결국 CNN 모스크바 지국장이 공식으로 사과하는 선에서 소동은 수습되었다. 아마 전쟁의 기억에 대한 범러시아권 사람들의 정서를 이해하지 못해 발생한 해프닝일 것이다.

두상은 엄숙하고 단호한 표정으로 아래를 내려다보고 있었다. 그 앞에는 수많은 전사자의 이름을 새긴 비석이 줄지어 있고, 정면에는 바닥의 붉은 대리석 판 사이로 영원의 불꽃이 타올랐다. 그 앞에는 꽃다발이 놓여 있었다. 동유럽 국가 어디를 가든 늘 보던 모습이지만 전쟁의 처절한 비극을 경험한 사람들에게는 남다른 의미가 있는 장면일 것이다. 이들에게 그 전쟁의 기억은 아직 진행 중이다.

넓은 유적지는 새로 세운 기념물 외에는 폐허나 마찬가지였다. 전쟁 전에는 온갖 시설과 건물로 가득 찬 유적이었겠지만 지금은 휑할 정도로 허허벌판이다. 천천히 걸어서 거대한 두상 조각을 한 바퀴 돌아보았다. 콘크리트 덩어리 전면에는 영웅적 용사의 거대한 얼굴 모습이 시선을 압도하지만 사방에도 사회주의 양식의 조각들이 새겨져 있다.

두상 조각 뒤에는 새로 복원한 작은 정교회 성당이 푸른 하늘을 배경으로 돔을 반짝거리면서 서 있었다. 천천히 걸음을 옮기면서 조각 앞에 줄지어 늘어선 붉은색 대리석 조각을 찬찬히 살펴보았다. 화려한 영웅 서사에 가려져 존재조차 희미하지만, 대리석에는 이름들이 키릴 문자로 새겨져 있었다.

< 브레스트 요새 안의 목마른 병사 조각상. 열악한 상황에서 사투를 벌인 병사들의 처절한 고통을 묘사했다.

누군가의 아들이자 남편, 아버지였던 이들의 이름일 것이다. 이들도 젊은 날에 야망이 넘치고 행복을 꿈꿨을 텐데, 치열한 격전 속에서 숨을 거둘 때는 무슨 생각을 했을까? 조각상 앞에서 타오르는 영원의 불꽃이 이들의 못다 한 이야기를 전하려는 몸짓처럼 느껴졌다.

하늘이 찌푸린 듯하더니 비가 쏟아지기 시작했다. 광장 한쪽의 박물관에 들어가 전시물을 건성건성 보면서 창밖으로 하염없이 퍼붓는 빗줄기가 그치기만 기다렸다. 오늘 본 강렬한 장면들의 기억을 하나하나 복기해 보았다. 브레스트에 오기 전에 듣던 대로, 또 예상한 대로 브레스트 요새는 소련 시절 처절한 전쟁의 투쟁과 상처에 대한 기록이자 전형적인 국가주의 상징물이었다. 소련에서는 전쟁의 희생보다는 투쟁의 영웅성을 강조해 2차 세계 대전을 '위대한 조국 전쟁'이라 불렀고, 소련에서 독립한 여러 나라도 그렇게 부른다. 나치 독일 침략군의 압도적인 공세를 최후까지 막아낸 군인과 시민의 이야기는 애국적 무용담을 넘어 전설로 회자되었다. 브레스트 전투는 여러 차례 영화와 소설로도 만들어졌다.

여기까지가 브레스트 요새에 얽힌 공식적인 이야기다. 그러나 뭔가 영웅담과 애국심으로만 이해할 수 없는 석연치 않은 부분이 있었다. 브레스트는 폴란드와 국경을 맞댄 국경 도시이고, 주변 강대국 손에 의해 수시로 주인이 바뀐 곳이다. 중세 시절 내내 폴란드-리투아니아 연합왕국 영토였고,

1795년에 이르러서야 폴란드 분할로 러시아 제국에 넘어갔다. 1차 세계 대전 후에는 잠시 폴란드 제2공화국의 영토였다가 1939년 독일-소련 간의 밀약에 따라 다시 소련 땅으로 바뀌었다. 1차 세계 대전 중이던 1915년에는 독일이 이곳을 점령했고, 당시 내전 중이던 볼셰비키 임시 정부는 독일을 비롯한 주축국과 1918년 브레스트-리토프스크 협정을 맺고 독일제국에게 도시를 넘겨주었다. 요새 한복판에 폐허처럼 남아 있는 백색 궁전White Palace이 바로 그 협정이 체결된 역사적 현장이다.

지배자가 자주 바뀌다 보니 브레스트는 다른 벨라루스 지역에 비해서도 정치적, 문화적으로나 인종 면에서나 다양하다. 벨라루스에서는 정교회 일색인데 여기서는 가톨릭을 믿는 폴란드계도 적지 않다. 도심 여기저기 성당도 심심찮게 볼 수 있다. 이처럼 '조국'이 수차례 바뀐 데다 소련 땅으로 편입된 지 몇 년도 되지 않은 시기에 이 도시 주민이 독일의 침략에 맞서 최후의 1인까지 순수한 애국심만으로 결사 항전을 벌였다는 이야기는 앞뒤가 잘 맞지 않아 보인다. 더욱 흥미로운 것은 1939년 9월 나치 독일군이 이 도시를 점령할 때의 이야기다. 당시 독일군은 폴란드 공화국 영토인 브레스트를 3일 만에 점령한 후, 독일-소련 간의 밀약에 따라 뒤늦게 진입한 소련군에게 도시를 넘겨준다. 그리고는 소련군과 나치군이 사이좋게 브레스트 시내에서 군사 퍼레이드까지 벌였다.

역사는 수많은 갈래의 흐름이 모여 만들어진다. 물론 자세한 사정은 알 길이 없다. 관련 문헌을 조금 읽고 그 위에 개인적 상상을 더해 보면 브레스트 요새의 영웅담을 낳은 그 갈래 중 하나는 바로 민족 구성 문제가 아닐까 한다. 벨라루스의 민족 문제를 거론할 때면 빼놓을 수 없는 부분이 유대인 이야기다. 2차 세계 대전이 발발할 무렵 지금의 폴란드에서 벨라루스, 우크라이나, 몰도바 등지에 이르는 넓은 지역에 유대인이 많이 거주했다. 이 지역에 유대인이 유독 많이 거주하게 된 사연은 중세까지 거슬러 올라간다. 흑사병이 유럽을 휩쓸자 무지한 민중은 그 공포를 유대인에 대한 증오로 분출했다. 유대인은 박해를 피해 대대적으로 이주했는데, 당시 폴란드-리투아니아 연합왕국은 이들을 받아들이고 비교적 관대하게 대우했다. 덕분에 왕국의 영토이던 지금의 폴란드에서 동슬라브에 이르는 광대한 지역에 유대인이 많이 정착했다.

이후 이 땅을 지배하게 된 러시아 제국 역시 처음에는 유대인에 관대한 정책을 폈으나 점차 정치적, 경제적, 종교적 이유로 억압 정책으로 옮아간다. 대표적인 조치가 1791년의 유대인 거주지 제한령이다. 유대인의 거주지를 러시아 제국 서쪽, 즉 과거 폴란드-리투아니아 연합왕국의 영토이던 지금의 폴란드, 우크라이나, 리투아니아, 몰도바, 벨라루스로 제한했다. 그래서 19세기 말에는 러시아 제국의 유대인 530만 명 중약 95%가 이 지역에 살았다. 이 제한령은 점차 강화되어 유

∧ 브레스트 도심 소비에트 거리에서 인적 드문 골목길로 접어들면 2차 세계 대전 때 희생된 유대인을 기리는 작은 추모비가 있다.

대인이 농촌 지역에 정착하는 것을 금지하고 도시에만 살도록 하는 추가 조치까지 내려졌다.

이 때문에 20세기 전반 무렵 유대인은 벨라루스에서 세 번째로 많은 민족이었고, 나치 독일이 침공할 무렵에도 비슷했다. 특히 도시에서는 유대인이 주민의 40% 이상을 차지할 정도로 많았고, 민스크, 비시엡스크, 호미엘 등 일부 도시에서는 절반을 넘었다. 2차 세계 대전 직전 벨라루스 전체의 유대인은 117만여 명에 달했는데, 전쟁 기간 나치 치하에서 이 중 80만~90만 명이 사망했으니 거의 90%가 줄어든 셈이다.

참혹한 전쟁이 끝난 후, 남아 있던 유대인은 이스라엘이나 미국으로 대거 이주했다. 2019년 기준으로 벨라루스에서 유대인이라고 밝힌 사람은 1만 3,000여 명에 불과하다.

소련의 공식적 해석대로, 아니면 벨라루스의 역사 기록대로 브레스트 주민의 투쟁 의지가 순수한 애국심이나 민족의식이었는지는 알 수 없다. 싸우든 항복하든 죽음은 피할 수 없는 일임을 본능적으로 깨달았던 것은 아닐까? 또 다른 흥미로운 사실은 브레스트 요새의 투쟁이 소련권에서 그처럼 영웅담으로 추앙되고 대중문화의 소재로 다루어지면서도, 정작 학술적 연구에서는 이 주제를 기피했다는 사실이다. 러시아어권에서 이 주제에 관한 학술 문헌이 처음 나온 것은 소련이 해체되고 한참 지난 2008년이다. 공식적인 영웅담의 저변에는 우리가 알지 못하는 진실의 또 다른 측면이 있지 않았을까 하는 추측만 해 볼 뿐이다.

어느덧 비가 그치고 푸른 하늘이 모습을 드러냈다. 오던 길 대신에 도심 남쪽의 마세라베 거리를 따라 천천히 걸어서 호텔로 돌아왔다. 그러다 도로변에서 사회주의 양식의 거대한 추모비가 눈에 띄었다. 국경수비대 추모 시설이라고 한다. 벨라루스 땅에는 돌덩어리, 새겨진 문구 하나하나가 모두 가슴 아픈 사연을 안고 있었다.

벨라루스 문화, 유럽 문화

다시 민스크로 돌아왔다. 다음 목적지를 물색하다가 유네스코 세계문화유산에 올라 있는 미르성Mir Castle Complex과 네스비쉬성Nesvizh Castle을 구경하기로 했다. 유네스코의 인정을 받을 정도라면 벨라루스 문화유산의 정수를 보여 줄 것이라는 기대치 때문이다.

아침 일찍 호텔을 나서 이제는 낯익은 10월 광장 사거리를 지나 당일 투어 집결지인 구 시청 건물까지 걸었다. 가는 길 주변은 고풍스러워 보이지만 사실 그리 오래되지 않은 신고전주의풍 건물이 늘어서 있었다. 구 시청 건물은 유서 깊은 곳으로 주변에는 정교회 성당과 옛 건물이 자리 잡고 있었다. 여기저기 유적 표시판과 청동 조각들도 보였다. 민스크가 20세기에 와서 급조된 도시가 아니라는 사실을 애써 강조하는 듯했다.

하지만 공터에 듬성듬성 들어서 있고, 복원한 지도 그리 오래지 않은 '구시가지' 건물들은 마치 밀랍 인형처럼 어색하기만 했다. 자연 발생적으로 들어선 식당과 카페, 상가가 풍기는 약간의 무질서함과 활기가 유럽 구시가지의 생명인데, 국가가 의욕만 앞서 복원을 추진한 결과는 그리 좋지 못했다. 구 시청 건물 지척의 강가에는 민스크의 '올드 타운'이 복원되어 있는데 연륜이 오래지 않은 '올드' 타운은 갓 조성한 영

∧ 올드 타운의 옛 시청 건물이다. 복원한지 얼마 되지 않아 마치 신축 건물처럼 보인다.

< 민스크 역사 지구에 있는 슬픔의 천사상 뒤로 최근 복원된 올드 타운이 보인다.

화 세트장처럼 부자연스럽기만 했다. 카메라를 들이댈 때마다 배경을 압도하는 고층 아파트 건물 때문에 좋은 그림을 담기도 애당초 불가능하다.

기다리는 사이에 투어 참가자들이 하나둘씩 도착했다. 오늘의 일행은 주로 현지인과 유럽인이었고, 일본인 청년과 나만 한눈에 봐도 멀리서 온 티가 났다. 도심을 출발한 빨간색 미니밴은 시원하게 뚫린 대로를 따라 민스크 남서쪽을 향해 달렸다. 이제는 낯익은 구시가의 건물과 중앙역이 눈에 들어오더니, 곧 한국인에게 친숙한 성냥갑 같은 고층 아파트 빌딩과 쇼핑몰이 창밖을 스쳐 갔다. 시 외곽에 이르자 도시의 흔적은 사라지고 평원과 숲이 나타났다. 가이드는 슬라브 특유의 악센트가 섞인 영어로 벨라루스의 역사며 지형에 관해 열심히 설명했다.

미르성 인근 마을에 차가 도착했다. 마침 장날인지 작은 마을이 사람들로 북적였다. 유대인이 많이 살던 지역이라는 사실을 환기하듯 시나고그도 보였다. 차는 잠시 후 미르성에 도착했다. 성은 멀리서도 확 눈에 띄었다. 이른바 벽돌식 고딕 양식으로 쌓은 성인데, 이미 폴란드나 독일 북부, 벨기에, 리투아니아 등 북서 유럽과 중부 유럽 국가에서 익히 보던 모습이다. 고딕이 지배적인 중세 시절 서유럽이나 남유럽에서는 돌로 성당과 왕궁을 세웠지만, 석재를 구하기 어려운 이곳 사정 때문에 벽돌을 사용하면서 생겨난 건축 양식이다. 영국이나 프

∧ 미르성은 16세기부터 이 지역을 지배하던 폴란드 귀족 라지비우 가문의 유산이다.

랑스의 고딕 성채에서처럼 건물 외벽에 석재를 정교하게 새긴 조각 장식이 거의 없어 외관은 단순해 보이지만, 얼마든지 거대한 규모로 쌓을 수 있다는 게 이 양식의 장점이다.

하지만 미르성은 생각보다 자그마했다. 성 가운데의 마당을 75미터 정도의 성벽이 사방으로 감싸고 있고, 다섯 개의 탑이 주변을 내려다보고 있었다. 붉은 벽돌로 쌓은 고풍스러운 성채가 간간이 구름이 드리운 푸른 하늘을 배경으로 서 있는 모습은 그림 같았다. 성은 한편에 작은 호수를 끼고 있어 물에 비친 성채의 모습조차 아름다웠다.

성안으로 들어가 잠시 가이드의 설명을 대강 들은 후 자유롭게 성내를 배회했다. 미르성은 1500년경 이 지역의 실력자이던 일리니치 공작이 폴란드 고딕 양식으로 건설하기 시작했다. 그러나 1568년 일리니치 가문의 대가 끊기고 소유권이 라지비우 가문에게 넘어간다. 라지비우 가문은 리투아니아 대공과 나중에는 폴란드왕까지 배출한 이 지역의 쟁쟁한 귀족 집안이다. 1817년 라지비우 가문의 딸이 이 성을 상속받아 러시아-독일계 귀족과 결혼하게 된다. 후에는 프러시아 왕자, 러시아 귀족 등 여러 귀족 가문이 이 성을 거쳐 간다. 라지비우 가문이 딸에게 상속한 재산이었던 탓인지 미르성은 권력의 중심지나 군사적 요새라기보다는 예쁘장한 귀족 저택의 이미지가 강했다.

특히 20세기에 들어서 여러 차례 전쟁을 거치면서 성은 크게 훼손됐다. 1941년 나치 독일군이 침공해 서부 벨라루스를 점령했을 때는 유대인 수용소로 사용되었고, 소련의 수중에 넘어간 1944~1956년까지는 공동 주택으로 이용되면서 성채 특유의 구조는 많이 망가졌다. 지금 보는 모습은 최근에 와서 대대적인 복원 작업을 거친 결과물이다. 성안의 여러 방은 화려한 내부 실내 장식도 추가했고 옛날 옷차림의 직원까지 배치되어 있어 방문자는 미르성 전성기로 되돌아가 귀족의 일상을 훔쳐보는 듯한 경험을 하게 된다. 2층 난간에서

∧ 미르성 중앙 마당에서 진행되는 무술 시범을 보느라 사람들이 몰려 있다.

내려다보니 중앙 마당에서는 중세 군복 차림의 장정들이 무술 시범 이벤트를 진행하고 있었다. 이들이 부딪치며 내는 칼 소리가 조용한 성 마당에 울려 퍼졌다. 투어 참여 일행은 미르성 지하의 식당에서 벨라루스식으로 점심을 했다. 보르슈치라는 붉은 비트 수프와 삶은 양배추, 감자, 치킨에 차가 곁들여 나온 전형적인 현지식이었다.

성을 나와 잠시 호숫가를 산책하다 보니, 가이드가 일행을 소집한다. 미르성에서 29킬로미터쯤 떨어진 다음 목적지 네스

∧ 네스비쉬성은 복원 작업을 거쳐 라지비우 가문의 전성기를 재현하고 있다.

비쉬성으로 이동했다. 미르성이 라지비우 가문에서 딸에게 상
속한 재산이라면, 네스비쉬성은 라지비우 가문의 권력 중심이
자 본거지였다. 이 성은 당시 법에 따라 매매나 저당, 분리 상
속도 불가능하고 장남에게만 통째로 상속하도록 되어 있었다.
네스비쉬 성은 1533년부터 라지비우 가문의 소유가 되었고,
현지의 권력 지형 변화에 따라 중간에 공백기가 있긴 하지만
1939년까지 명실상부하게 이 가문의 근거지 구실을 했다.

　네스비쉬성은 이전에 존재하던 성채를 16세기와 17세기

네스비쉬성은 라지비우 가문의 권력 중심답게 해자와
감시탑 등 군사적 방어 기능을 철저하게 갖추었다.

에 걸쳐 재건축한 것이다. 여러 차례 재건축을 거듭한 덕분에 르네상스 양식과 바로크 등 여러 양식이 뒤섞인 모습을 하고 있다. 해자가 성벽을 둘러싸고 있고 네 모서리에는 팔각형의 감시탑이 있어 요새 같은 위용을 자랑한다. 해자를 따라 성 주위를 한 바퀴 돌다 보면 성 전체가 한눈에 들어오는 지점이 나오는데, 여기서는 누구나 예외 없이 열심히 셔터를 눌러댄다. 성 안팎을 둘러보면 권력의 위엄과 화려함을 과시하는 궁전이자 군사적, 정치적 거점이었음을 실감하게 된다.

하지만 이 지역에 주인이 수차례 바뀌고 국경도 다시 그려졌음을 감안할 때 네스비쉬성과 라지비우 가문의 운명도 덩달아 파란을 겪었다. 1792년에는 이 지역이 러시아 영토로 편입되면서 라지비우 가문은 추방되고, 성은 방치된다. 하지만 19세기 라지비우 가문이 이 성을 다시 인수해 대대적으로 수리했고, 인근에 영국식 정원도 조성했다. 1939년 소련이 폴란드를 침공해 이 지역을 접수했을 때 네스비쉬성과 라지비우 가문의 인연은 끝났다. 소비에트 정권이 이 성을 환자 요양소로 사용하는 바람에 성의 구조는 많이 훼손되었고, 공원은 방치되어 폐허가 됐다. 1994년에 와서야 이 성은 국가역사문화재로 지정되고 대대적인 복원 작업을 거치게 된다. 미르성에서도 느낀 일이지만 네스비쉬성 역시 지나친 복원으로 역사를 왜곡했다는 비판을 받았다.

이 일대에서 네스비쉬성과 더불어 흥미로운 장소가 바로

그리스도의 몸 성당Corpus Christi Church이다. 이 성당에는 라지비우 가문 72인의 유해가 묻혀 있다. 성당은 네스비쉬성 인근 마을에 있는데, 복원 공사 중이어서 어수선한 데다 보존 상태도 좋지 않았다. 내 눈에는 유럽 도시에서 흔히 보던 바로크식 성당에 불과했다. 하지만 이 성당은 네스비쉬성과 더불어 중부 유럽과 러시아 건축 발달사에서는 이정표를 긋는 중요한 유적이라고 한다. 2005년에는 유네스코 세계문화유산으로 등재되었다. 이 성당은 라지비우 가문이 이탈리아 건축가를 초빙해 로마의 제수이트 수도회 소속 예수 성당을 본떠 1587년과 1603년 사이에 건설했다. 동유럽에서는 최초의 바로크 건축으로 꼽힌다고 하니 건축사적으로 중요한 유적임은 틀림없다. 또한 서유럽과 이탈리아에서 흔히 보던 익숙한 양식이라는 첫인상도 틀린 말은 아닌 셈이다.

투어를 마치고 성 인근의 호숫가에 앉아 늦은 오후의 떨어지는 해를 바라보면서 여유를 누렸다. 오늘 본 미르성과 네스비쉬성은 벨라루스의 문화적 정수인가? 맞기는 하는데 원래 기대한 것과는 모습이 아주 달랐다. 폴란드와 리투아니아의 귀족이자 왕족이 이탈리아 건축가를 동원해 서유럽식으로 지은 건축이 아닌가? 이 성의 사교장을 채운 귀족들은 다른 유럽 왕족이나 귀족처럼 프랑스식 요리로 만찬을 즐긴 후, 이탈리아 장인이 만든 의자에 앉아 중국이나 인도에서 수입한 차를 독일 장인이 제작한 찻잔으로 마시면서 프랑스어로 대화를 나누었을 것이다. 정략적 이해관계에 따라 나라나 왕가와 무관하게 서로 통혼하고 이합집산하던 이들에게 '조국'이란 무엇이었을까? 이 성은 독일이나 중부 유럽 어디쯤 옮겨놓아도 그다지 어색하지 않았을 것 같다. 이 두 성은 그냥 '유럽' 귀족의 성채였을 뿐이라는 생각을 굳혔다. 화려하고 아름다운 성을 둘러보면서도 벨라루스다운 문화라기보다는 서유럽의 유산이라는 기시감이 강하게 든 것도 무리는 아니었다.

소비에트 문화의 그림자

하루 일정을 마치고 민스크로 돌아왔다. 호텔 방에 누워 빈둥거리면서 이번에는 학살이나 정치, 역사 같은 심각하고 무거운 것 말고 좀 더 안락하면서도 우아한 경험을 해 보기로 마음먹었다. 오래전 러시아 유명 발레단의 〈백조의 호수〉 발레 공연을 '직관'한 적이 있다. 발레 공연 직관은 오디오나 영상으로 보던 공연과는 차원이 다른 경험이었다. 공연 시간 내내 한눈도 팔지 않고 집중한 것은 그때가 처음이었다. 발레리나의 토슈즈 움직이는 소리와 표정, 숨소리가 객석에까지 가감 없이 전해지는 듯했다. 언젠가 모스크바나 구소련권 도시의 공연장에서 꼭 다시 한번 볼 수 있기를 기원했다. 그런데 여름 여행 무렵이 되면 유럽 도시에서는 공연 시즌이 끝나고 긴 휴가가 시작되기에, 일정이 맞지 않았다. 이래저래 그때의

> 벨라루스 오페라 발레 극장은 소비에트 시절 고급문화의 전당답게 웅장한 원형 건물에 고전적인 조각으로 화려하게 장식하였다.

구상은 그냥 로망으로만 남았다. 그렇지만 이번에는 다를 것 같았다.

호텔 로비의 여행사 직원이 이리저리 검색해 보더니 시즌 마지막 날 공연이 남았다고 일러준다. 그런데 예약을 위해 신용카드를 내밀었는데, 시스템이 내 카드를 거부한다. 직원 앞에서 모든 카드를 내밀었다가 퇴짜받는 민망한 순간이 이어졌다. 결국 보다 못한 직원이 시내 매표소로 직접 가보라고 한다. 물어물어 찾아갔더니 공연 입장권 판매소는 10월 광장 사거리 지하도 후미진 곳에 자리하고 있었다. 풍채 좋고 나이 지긋한 아주머니가 난감한 표정을 짓더니 토막 영어 단어로 제일 싼 자리와 비싼 자리만 남았다고 한다. 제일 저렴한 자리는 2달러 정도고 비싼 좌석은 60달러 정도였다. 잠시 망설였으나, 다음을 기약할 수 없어 눈 딱 감고 비싼 좌석을 예약했다.

공연 시간은 저녁 7시였다. 호텔에서 쉬다가 지도에서 눈여겨 봐둔 노선버스를 탔다. 딱 세 정거장을 가니 국립 아카데미 오페라 발레 극장이었다. 넓은 녹지 광장에 들어선 원형 건물로 정면에는 그리스 신화풍의 청동 조각상들이 붙어 있었다. 아마 소비에트 시절에는 사회주의 리얼리즘 계열의 조각이 자리 잡고 있지 않았을까 상상해 본다. 공연장 복도에는 정장을 갖춰 입고 공연 시작을 기다리는 사람들이 여기저기 서 있었다. 한편에서는 소규모 실내악단이 클래식 음악을 연주하고 있었다. 잠시 후 직원에게 입장권을 제시했더니 자리

로 안내하겠다며 앞서간다. 젊은 여직원의 하이힐 소리가 대리석 바닥 위에서 유난히 크게 울렸다.

그런데 좌석이 예사롭지가 않았다. 응접실까지 달린 별실이었는데, 대여섯 개의 좌석은 비어서 공연 내내 이 방 전체가 나의 전용 공간이었다. 직원이 직접 좌석까지 안내해 준 이유도 이제야 깨달았다. 공연장을 내려다보니 좌석은 입추의 여지가 없을 정도로 꽉 차 있었다. 오직 내가 있던 별실과 공연장 건너편 자리에만 한 명씩 앉아 있었다. 발레나 클래식 공연 관람은 우리에겐 사치스러운 고급문화이지만 구소련 시절에는 대중에게 개방된 일상 문화로 문턱이 낮았다. 발레 공연이 이처럼 만석이고 비용도 저렴한 것은 그때의 전통이 이어진 듯하다.

발레 공연은 제목이 〈아나스타시아〉여서 러시아의 마지막 공주 이야기일 거라고 짐작했는데, 그게 아니었다. 할리우드 영화나 애니메이션을 통해 익숙한 그 줄거리가 아니라 타타르족의 침략에 맞서 조국을 지킨 공주의 용기와 사랑 이야기였다. 공연은 환상적이었다. 화려한 조명과 무대, 군무는 내용을 몰라도 그 자체로도 훌륭한 볼거리였다. 벨라루스에 와서 뜻하지 않게 '소비에트' 고급문화의 정수를 경험한 셈이다. 발레 시즌 마지막 날의 마지막 공연을 이렇게 화려한 좌석에서 볼 수 있었다니 여행 중에 잡은 뜻밖의 행운이라고만 여겼다. 행복한 하루였다.

긴 하루가 끝나고 어둠이 내린 후 혼자 호텔 방에 앉아 생각에 잠겼다. 벨라루스 문화란, 민족이란 무엇일까? 벨라루스는 동유럽 역사의 고비마다 중요하게 등장하지만 '나라'로서의 벨라루스는 생소한 존재였다. 1918년 처음으로 벨라루스라는 이름의 국가가 선포되었으나 폴란드와 소비에트 군대의 침공으로 이듬해 사라졌다. 소련 산하의 한 공화국으로 있던 벨라루스는 1990년 7월 27일 독립을 선언했고, 이듬해 연방 해체와 더불어 본격적인 나라로서의 벨라루스가 탄생했다. 이 땅에서 무리 지어 오래 살아왔으면서도 정작 국가라는 경험에는 아직 생소한 사람들에게 벨라루스란 어떤 의미일까?

외부인의 눈으로 볼 때 민족과 언어 측면에서도 벨라루스는 좀 특이하다. 알려진 바로는 슬라브 민족은 하나의 뿌리에서 유래했다. 지금의 슬로바키아와 루마니아 북부의 카르파티아산맥에 살던 슬라브족이 사방으로 흩어지면서 지금의 여러 슬라브 민족과 국가가 시작되었다. 서쪽으로 간 일파는 체코나 폴란드의 시조가 되고, 남으로는 발칸 슬라브족이 터전을 잡았다. 동쪽으로 간 동슬라브 일파가 9세기 말에 키이우를 중심으로 키예프 루스라는 나라를 세우고 지금의 러시아, 우크라이나, 벨라루스의 원조가 되었다. 그러니까 혈통상으로 벨라루스인은 이웃 러시아, 우크라이나인과 사촌쯤 된다.

언어 측면에서도 벨라루스어는 동슬라브어의 한 갈래로서 이웃 국가인 러시아, 우크라이나 언어와 비슷하다. 문법과 어휘 구조도 서로 비슷한 데가 많아, 세 나라 사람들이 모여 대화를 하면 어느 정도 소통이 가능한 수준이다. 이 나라에서 벨라루스어는 러시아어와 더불어 국가의 공식 언어다. 1999년 센서스에 따르면 벨라루스 국민의 85.6%가 벨라루스어를 모국어로 인식한다고 밝혔다. 그런데 정작 벨라루스어를 구사하는 주민의 비율은 생각보다 낮다. 2009년 정부 조사에 의하면 전 국민의 72%가 집에서 러시아어를 사용하고, 벨라루스어를 적극적으로 구사하는 인구는 11.9%에 불과했다. 정부 기관에서는 사실상 러시아어가 공식 언어로 통용되고, 벨라루스어 사용자에 대한 차별 문제가 정책적으로 거론될 정도다. 유네스코는 벨라루스어를 사라질 위험에 처한 언어로 분류한다.

잠시 스쳐 가는 여행자가 벨라루스 문화를 단번에 이해하기란 애당초 무리한 일일지도 모른다. 그렇지만 벨라루스인이 민족이라는 의식에 점차 눈떠가고 있다는 사실은 분명하다. 베네딕트 앤더슨Benedict Anderson은 민족을 "상상의 공동체"라고 불렀다. 혈통이 아니라 구조적 여건이나 상황 때문에 '만들어진' 의식이라는 이야기였다. 지난 백 년간의 역사만 보더라도 벨라루스인이 겪은 고난은 상상이 가지 않을 정도로 처절했다. 벨라루스가 소련에 편입된 초기에는 모스크바도 한동안 벨라루스 민족 문화를 장려하는 정책을 폈지만, 곧 벨라루스의 민족 색채를 금기시하고 '러시아화'에 나섰다. 벨라루스처럼 강대국 틈새에 끼어 엄청난 피의 희생과 차별, 억압의 경험을 겪은 지역에서 집단적인 동류의식이 생겨나지 않는 것이 오히려 이상할지 모른다.

벨라루스 역사에 관한 책을 보면 벨라루스라는 민족의식이 본격적으로 형성된 것은 19세기에 이르러서였다고 한다. 더 거슬러 올라가자면 벨라루스 언어와 문학 발전에서 획을 그은 인물은 16세기에 성경을 교회 슬라브어로 번역한 프란치스크 스카리나Francysk Skaryna다. 그의 성경은 동유럽에서

∧ 독립 광장 지하의 지하철역 이름을 둘러싼 갈등은 지금도 계속되고 있다. 방문 당시에는 아직도 '레닌 광장역'이라는 소련 시절의 이름이 붙어 있었다.

두 번째로 나온 번역서였다. 그는 벨라루스어가 형성되는 데 크게 기여한 인물로 대접받는다. 이 점을 기념해 벨라루스가 독립한 후인 1991년 민스크를 관통하는 가장 중요한 중심 대로에 프란치스크 스카리나 거리라는 이름이 붙었다. 이 대로에 스카리나의 이름을 붙인 것은 벨라루스 역사에서 문화적으로 세종대왕쯤 되는 인물의 상징성을 부각한 조치다.

하지만 독립 후 전개된 상황은 점차 이와 반대 방향으로 흘러가고 있다. 벨라루스는 소련 붕괴 전에도 가장 철저하게 '소비에트화'한 지역 중 하나였다. 9세기 역사를 자랑하는 역사 도시 민스크를 지금처럼 황폐한 콘크리트 건물 일색으로 만든 것은 2차 세계 대전의 폭격만이 아니다. 전쟁 후 1960년대에 소비에트 당국은 그나마 남아 있던 구시가지 건물과 거리를 모두 허물고 소비에트 건축 양식대로 도시를 재건했다. 소비에트화든 러시아화든 러시아의 영향력에서 벗어나는 것은 신생국 벨라루스 문화 정착에서 중요한 선택지였다.

그런데 다른 동유럽 국가들이 소비에트 공산주의 시절의 상징과 이름을 폐기하는 동안, 벨라루스는 오히려 소비에트 시절로 회귀하는 조치를 잇달아 도입한다. 2005년 '위대한 조국 전쟁' 승전 60주년을 맞아 정부 당국은 민스크 중심부의 거리 이름을 다시 소비에트식으로 바꾸어 버린다. 중심 대로 중 중심인 스카리나 거리는 '독립 거리'로, 과거 소비에트 벨라루스의 지도자 이름을 딴 마셰로프 거리는 '승리자 거리'로 이름표를 바꿔 달았다. 독립 광장 인근의 지하철역인 독립광장역은 소비에트 시절처럼 레닌 광장역으로 되돌아갔다. 이 결정은 수많은 반대에 부딪쳐 몇 차례 번복과 복원을 거쳤지만, 지금도 그 역에 레닌역이라는 이름이 버젓이 붙어 있다.

루카셴코의 벨라루스에서는 과거 위대한 조국 전쟁 승리라는 소비에트 시절의 역사적 기억이 신생 국가 건설 과정에서도 부활하고 있다. 아마 권위주의적인 정치 체제 유지의 한 전략이 아닐까 싶다. 이처럼 시대를 거스른 퇴행적 움직임은 소비에트 타임캡슐을 보려는 여행자에게 구경거리를 많이 남길지는 몰라도, 그 대가를 감당해야 할 대다수의 벨라루스인에게는 연민을 느낀다. 설혹 벨라루스인의 의식에는 벨라루스 문화나 정체성이 성장하고 있는지 몰라도 그 움직임이 피부로 느껴지지 않았다. 이 나라의 흐름은 반대 방향으로 가고 있다.

벨라루스의 자본주의

민스크에서는 어딜 가든 소비에트의 기억을 환기하는 상징물의 자극이 너무 강렬했다. 하지만 사회주의 시절로 회귀를 선언하는 듯한 요란한 제스처에도 불구하고 벨라루스 역시 자본주의로 서서히 접어들고 있다. '유럽 국가'로서는 드물게 서방과 담을 쌓고 지냈던 벨라루스가 최근 무비자 입국으로 외부인에게 문호를 개방한 것만 봐도 시대의 흐름은 돌이킬 수 없는 듯하다. 10월 광장과 독립 광장을 메웠던 시위대 인파는 단지 서구식의 정치적 자유뿐 아니라 더 나은 (경제적) 삶에 대한 시민의 욕망을 드러난 것으로 보인다. 벨라루스인이 자본주의 물결을 어떻게 받아들이고 있는지 궁금해졌다.

브레스트행 기차표를 발권할 때 이야기다. 창구에 줄을 섰더니 5번 창구로 가라고 손짓한다. 다행히 발권 창구는 한산했다. 그런데 바로 내 앞에 선 아주머니가 일을 끝낼 기미가 전혀 보이지 않는다. 기차표 발권이 아니라 마치 복잡한 이민 수속을 밟는 듯했다. 직원은 뭔가 서류를 열심히 작성하고 모니터도 들여다보면서 부지런 떠는 데 진도가 영 시원치

∧ 과거 사회주의 시절의 정치 행사장이자 권력의 중심이던 독립 광장 지하에는 자본주의의 상징인 현대적 쇼핑몰이 들어섰다.

않다. 고작 기차표 12장을 발권했는데 무려 30분을 기다렸다. 브레스트에서 돌아온 후에 호텔 리셉션에 볼일이 있어 들렀더니 일본인 단체가 체크인 수속 중이었다. 단체라고 해 봐야 우리 기준으로는 아주 소규모에 불과한데, 직원들은 거의 정신을 놓은 듯했다. 결국 나는 포기하고 자리를 떴다.

이 일화는 노동자들이 과거 사회주의 국가의 일 처리 방식에 익숙해져 자본주의라는 새 환경에 적응하지 못한 징후라고 볼 수도 있다. 거의 모든 노동자가 국가 통제하에서 공무원처럼 고정된 봉급을 받는 데 익숙해졌다면, 무한 경쟁과 효율성, 속도를 강조하는 자본주의 시장 체제란 감당 불능의 지옥과도 같을 것이다. 하지만 내가 접해 본 직원들은 나름대로 부지런하고 유능했다. 벨라루스는 다른 유럽 국가와 비교해서도 교육 수준이 높고, 적어도 민스크에서는 어딜 가나 신용카드가 통했고, 버스 지하철 승차권 자판기와 여러 전자 시스템은 서유럽 선진국 못지않았다. 내가 겪은 사소한 불편은 사회주의 시절의 체질보다는 소련 시절의 관습대로 유지된 복잡한 관료적 통제와 절차 탓으로 보였다.

벨라루스는 독립 후 자본주의 도입을 선언했음에도 불구하고 다른 동유럽 국가와 달리 기간 산업을 민영화하지도 않았고, 사회주의 시절처럼 경제 체제 전반을 통제하고 있다. 물가, 환율뿐 아니라 임금 수준도 국가가 결정하고, 개인 기업의 경영에까지 개입하고 있다. 하지만 벨라루스형 자본주의의 실험은 순탄치 않았다. 2000년대 이후 격화된 반정부 시위에는 국가가 주도하는 자본주의 실험 실패에 따른 불만도 작용했을 것이다.

벨라루스 경제의 큰 약점은 러시아에 대한 의존도가 너무 크다는 점이다. 벨라루스가 '위대한 조국 전쟁'의 신화를 통해 소련 시절의 기억을 소환하고 유대를 강화하는 것은 정치적으로뿐 아니라 경제적으로도 러시아와 운명 공동체인 현실과 관련이 있다. 양국은 1999년 러시아 벨라루스 연맹을 결성하고 단계적으로 경제적, 군사적, 정치적 통합을 추진해 사실상 하나의 나라를 만들겠다고 선언했다. 그러나 이 약속은 계속 미루어졌고, 지금도 앞날을 기약할 수 없는 상태다. 루카셴코의 권위주의 체제에서는 새로운 정치적, 경제적 돌파구를 마련하기 위해 서유럽과 긴밀한 관계를 강화하기도 쉽지 않다. 루카셴코는 오히려 반인권적 조치와 돌출 행동으로 서방의 경제 제재를 자초하고 있다.

사회주의 체제가 붕괴한 후 동유럽과 구소련 출신의 여러 국가에서는 구체제의 관료주의(일부 국가에서는 새로운 독재 체제)와, 새로운 자본주의의 탐욕과 경쟁이 얽혀 소용돌이치는 것을 목격했다. 벨라루스도 정도 차이는 있지만 비슷하리라 생각했는데, 내 예상은 완전히 빗나갔다. '개방' 후에도 벨라루스는 여전히 범죄 없고 깨끗하고 활기 없는 과거의 모습을 간직했다. 대다수 벨라루스인은 이전처럼 국가가 정해 준 월급을 꼬박꼬박 받으며 살아가고 있다. 다른 유럽 국가보다 소득은 낮지만 물가는 경이로울 정도로 쌌다. 민스크에 체류하는 동안 여러 차례 지하철을 이용했는데, 65코펙, 원화로는 350원 정도에 불과했다. 현대 도시로서의 편의성과 쾌적함을 다 갖춘 데다 물가는 저렴하니 여행자로서는 이런 천국이 없었다. 2019년 기준으로 벨라루스의 1인당 연간 소득(GDP)은 6,604달러에 불과해 아직은 저소득 국가다. 그렇지만 구매력으로 환산하면 이 수치는 20,644달러로 치솟는다.

그러나 국가가 모든 것을 통제하며 개인의 욕망을 억압하는 사회는 안정된 곳일지 몰라도 성공의 희망과 기회도 적은 법이다. 신생 국가로서는 드물게 벨라루스에서는 경제 성장률이 낮고 인구도 매년 조금씩 줄어들고 있다는 사실은 예사롭지 않다. 다른 구소련 산하 국가처럼 '야생의 자본주의'는 모면했지만, 아직 주민들이 만족할 정도로 '시장 사회주의'가 결실을 보지는 못한 것 같다. 민스크는 '활기 잃은 천국'으로 보였다.

싫든 좋든 자본주의의 물결은 벨라루스인들의 일상에 점차 스며들고 있다. 서울의 세종로 사거리이자 강남 격인 10월 광장 사거리에는 미국 자본주의의 상징인 맥도널드가 들어섰다. 이제는 어느 대도시를 가든 익숙해진 대로 한국 대기업 간판도 눈에 띄었다. 맥도날드의 메뉴는 전 세계 공통의 익숙한 이름과 맛이었고, 젊은 종업원들은 영어에 능숙했다. 러시아가 모국어 아닌 모국어 구실을 하고, 외국인을 보기 힘든 이 나라에서도 젊은이들은 영어와 자본주의라는 대세에 빠르게 적응해 가는 것 같다.

고성 투어를 갔다가 돌아오던 날이었다. 시내에서 내려 호텔로 돌아오는 길에 중심 대로를 벗어나 뒷길로 접어들었다. 지도를 보니 콤소몰 거리라는 공산주의 시절의 이름을 그대로 갖고 있었다. 하지만 이 거리는 주말을 맞아 차량을 통제해 인도 전용으로 바뀌었고, 젊은이들과 가족 단위의 나들이

객으로 붐볐다. 여기저기 공연이 진행되고 노천카페는 사람들로 넘쳐났다. 아이들은 신이 나서 뛰어놀고 있었다. 벨라루스인들이 현재 상황에 어느 정도 만족하는지, 어떤 미래를 그리는지는 외부인인 내가 알 수가 없다. 그러니 내가 내린 결론이 근거 있는 예측인지, 순전히 희망 사항일 뿐인지는 모르겠다. 하지만 어려운 상황에서도 행복의 가치를 아는 사람들이라면 그들의 미래도 낙관할 수 있을 것 같다. 《론리 플래닛》의 필자는 벨라루스를 "카푸치노를 곁들인 공산주의"로 소개했던데, 이 재치 있는 지적은 상당 부분 맞는 듯하다.

민스크의 미래를 엿보다

여행을 많이 다닌 사람에게는 어떤 나라나 도시든 강렬한 인상을 남기기 쉽지 않다. 어떤 도시나 유적지를 가든 이전의 기억을 연상시키는 일종의 기시감이 작용하기 때문이다. 벨라루스에 오기 전에는 다른 동유럽과 구소련권 국가에서와 비슷한 경험을 기대했다. 그렇지만 벨라루스는 여러모로 어디서도 맛보기 힘든 독특한 경험이었다.

　민스크를 떠나기 전 우울한 소비에트 시절과 전쟁의 기억 말고 좀 색다른 구경을 하고 싶었다. 공항에서 오던 길에 버스 창 너머로 본 초현대적인 건물이 생각나서 그곳을 방문하기로 했다. 지하철 1호선 보스톡역에서 내려 지상으로 나오

> 벨라루스 국립도서관 건물 앞에는 벨라루스 언어와 문화의 선구자 스카리나 동상이 서 있다.

면 독립 대로 길가의 넓은 공터 한복판에 벨라루스 국립도서관 건물이 우뚝 솟아 있다. 건물은 18면체 큐브 모양의 구조에 표면은 유리로 덮여 있어 거의 초현실적인 미래 도시의 이미지를 풍긴다. 이 웅장한 건물은 높이는 23층에 73.6미터에 달하며, 2006년 1월에 문을 열었다.

이 건물은 구소련권에서도 모스크바, 상트페테르부르크에 이어 세 번째로 많은 러시아어 장서를 보유하고 있을 정도로 중요한 도서관이다. 건물 전면에는 벨라루스의 세종대왕격인 프란치스크 스카리나가 양팔을 벌려 사람들을 감싸 안는 듯한 자세로 방문자를 맞이한다. 건물을 둘러싼 기하학적

형태의 유리 벽에는 푸른 하늘과 구름이 비쳐 SF 영화의 배경 같은 분위기를 풍겼다. 이처럼 초현대적인 모습의 도서관 건물은 900년의 역사를 지닌 역사 도시 민스크와는 언뜻 잘 어울리지 않은 것처럼 보인다. 그런데 나는 오히려 이 미래 지향적인 건물에서 벨라루스인의 미래를 엿보았다.

이 건물은 벨라루스 지식 문화의 집약체일 뿐 아니라 다양한 이벤트와 시민의 삶이 얽힌 공간이다. 도서관 주변 공터에는 콘서트 등 각종 문화 이벤트가 열리고 주변은 강을 낀 공원 녹지다. 어린 세대는 아직은 갓 완공한 듯 어색한 현대적 시설을 보면서 자라나겠지만, 언젠가는 성장 과정의 좋은 경험이 담긴 공간으로 이곳을 기억할 것이다. 도시의 역사란 수많은 세대의 삶의 자취가 쌓이고 그 위에 새로운 흔적을 더해 가는 과정이다. 민스크는 오래된 건물은 적지만 곳곳에 앞 세대의 상처, 고통, 영광의 기억이 얽힌 이야기를 담고 있다. 젊은 세대는 그 위에 새로운 기억과 유산을 채워갈 것이다.

언제 다시 이 땅을 밟게 되면 벨라루스는 몰라볼 정도로 달려져 있을 것이다. 그때는 소비에트 시절의 경관이 삶을 압도하는 어두운 그림자가 아니라 순수하게 관광객의 호기심 거리나 역사 유적으로만 보존되어 있기를 바란다. 그때는 가능하다면 마음 놓고 소비에트 테마로 건축 유산이나 KGB 투어를 해 보면 매우 흥미로울 것 같다.

< 벨라루스 국립도서관. 18면체의 큐브 모양에 유리와 강철로 올린 이 초현대적인 건축물은 벨라루스의 미래를 상징하는 민스크의 랜드마크다.

핀란드

상트페테르부르크

에스토니아

라트비아

러시아

리투아니아

모스크바

폴란드

민스크

벨라루스

브레스트

키이우

르비우

우크라이나

카자흐스탄

몰도바

오데사

루마니아

흑해

카즈베기

므츠헤타

트빌리시

불가리아

조지아

고리

그리스

터키

아르매니아

아제르바이잔